역사 속
세기의 로맨스

2012년 8월 1일 초판 1쇄 발행
2017년 5월 23일 초판 5쇄 발행

글 박시연 / 그림 유수미
펴낸이 이철규 / 펴낸곳 북스
편집 이은주 / 편집디자인 이종한

편집부 02-336-7634 / 영업부 02-336-7613 / FAX 02-336-7614
홈페이지 http://www.vooxs.kr / 등록번호 제 313-2004-00245호 / 등록일자 2004년 10월 18일

주소 서울특별시 광진구 동일로 4길 32 2층
값 10,800원
ISBN 978-89-6519-044-8 74800
　　　 978-89-6519-043-1 (세트)

잘못된 서적은 구입하신 서점에서 교환하여 드립니다.
이 책은 저작권법에 의해 보호를 받는 저작물이므로 불법 복제와
스캔 등 무단 전재 및 유포·공유를 금합니다.

역사 속 세기의 로맨스

1 헨리 8세와 앤 블린

글 박시연 그림 유수미

머리말

 '세기의 로맨스'는 말 그대로 세계가 놀랄 만한 로맨스를 다룬 글입니다.

 주인공 이지가 타임 슬립을 통해 과거의 시공으로 떨어지고, 그곳에서 '헨리 8세와 앤 블린', '샤 자한과 뭄타즈 마할', '원효대사와 요석공주' 등 역사에 기록될 만한 강렬하고도 아름다운 사랑을 나눈 주인공들을 만나 함께 기뻐하고 슬퍼하며 사랑을 배워간다는 내용입니다. 이렇게 과거에서 만난 친구들을 통해 사랑의 진정한 의미와 가치를 깨달으며 이지는 조금씩 성장합니다. 그리고 이런 성장을 바탕으로 현실세계에서 자신을 무던히도 괴롭히지만 때때로 묘한 분위기로 헷갈리게 만드는 킹카 중의 킹카 주노와의 사랑을 가꾸어 나갑니다.

 세기의 로맨스는 물론 로맨스를 중심으로 하는 시리즈입니다. 하지만 그 시대에 살았던 주인공들의 삶과 사랑을 현실세계에서 온 이지의 눈으로 지켜보고 느끼면서 당시의 역사에 대해 자연스럽게 배우게 됩니다. 그들의 사랑 자체가 역사가 되는 것이지요.

　우리 학생 독자들에게 로맨스는 언제나 중요한 관심거리일 겁니다. 누구나 한 번쯤은 밤하늘의 별을 올려다보며 시크한 왕자님과의 사랑을 꿈꾸고, 또한 거리를 걷거나 지하철을 타고 가다가 첫 사랑과의 우연한 재회를 꿈꾸기도 했겠지요. 세기의 로맨스를 펼치는 순간, 여러분이 기대하는 그런 설렘을 만날 수 있습니다.
　더불어 그들이 어떻게 그런 사랑을 하고, 어떻게 그런 행복 혹은 비극을 맞았는지 그 역사적 배경까지 알게 된다면 더욱 흥미진진하지 않을까요?

박시연

차례

머리말 _6

로열 빌리지의 폐가 _11

우리 엄마 아니야! _25

메이드 인 메이드 _46

불린 가의 처녀 앤과의 만남 _64

런던타워로 입성하다 _80

헨리 8세는 변덕쟁이 _97

앤 블린의 무서운 진실 _116

울지 추기경과 시동 크롬웰 _137

천 일의 앤 _159

또 하나의 사랑 _171

부록_ 헨리 8세와 앤 블린 그리고 영국 국교회 _176

로열 빌리지의 폐가

"윤이지, 빨리 일어나서 아침 먹고 학교 가야지!"

언제나처럼 엄마의 우렁찬 고함과 함께 아침이 시작되었다. 한사코 등을 끌어당기는 달차지근한 잠의 유혹을 뿌리치며 이지는 이불을 걷고 일어났다. 그리고 감기려는 눈을 애써 치뜨며 버릇처럼 방문을 찾아 손을 더듬었다.

"……."

문고리를 찾던 이지의 손이 멈칫했다. 아, 우리 집은 얼마 전에 이사를 왔었지. 씁쓸한 깨달음과 함께 이지는 완전히 눈을 떴다. 그러자 방 구분도 없이 휑한 다세대주택 원룸의 내부가 펼쳐졌다. 말이 좋아 다세대주택이지 집주인이 보상금을 노리고 방치한 탓에 오랫동안 사람이 살지 않은 폐가나 다름없던 집이었다.

"쳇. 이러니 매일 악몽을 꾸지."

군데군데 빗물이 새서 얼룩진 천장과 벽을 둘러보며 이지는 나직이 투덜거렸다. 얼마 전 아빠의 사업이 쫄딱 망하는 바람에 이지네 식구는 철거를 앞둔 이 폐가로 이사를 왔다. 좁은 원룸의 한구석에는 아직 꾸러미도 풀지 못한 세간이 산처럼 쌓여 있었고, 당장 사용해야 하는 밥솥, 밥그릇, 이불 등만 꺼낸 상태였다. 이지는 자신과 가족의 처지가 저 풀지도 못한 이사 꾸러미 같다고 생각했다. 떠날 수도, 마음 놓고 머물 수도 없는 어정쩡한 상황.

그 초라한 공간에서 아빠는 늘 그렇듯 바둑판을 들여다보는 중이었고, 엄마는 작은 상 위에 하얀 김이 모락모락 피어오르는 밥공기를 올려놓고 있었다. 어제와 조금도 변함이 없는 아빠와 엄마를 보며 이지는 언젠가 케이블 채널에서 보았던 '사랑의 블랙홀'이란 영화를 떠올렸다. 영화에서 기상통보관인 주인공은 자기에게 매일매일 똑같은 하루가 반복된다는 사실을 깨닫고 경악한다. 다행히 이지는 영화 속의 주인공처럼 놀라거나 하지는 않았다.

추위가 맹위를 떨치던 지난겨울 이 폐가로 들어오면서 나름 다짐해 둔 것이 "원망하지 말자."는 것이었다. 이지가 생각하기에 부자 부모를 만나는 행운과 가난한 부모를 만나는 불운은 로또와 같은 확률 게임이었다. 복권에 당첨되지 않았다고 화를 내는 것은 어리석은 짓이라고 생각했기에 이지는 벽의 곳곳 갈라진 틈으로 스며드는, 뼛속까지

얼려 버릴 듯한 한기를 견디면서도 가난한 부모를 원망하지 않았다.

"뭘 멍청히 서 있어? 빨리 씻고 밥 먹어야지."

엄마와 시선을 마주치며 이지는 그러나 단 한 가지만은 엄마를 원망하지 않을 수 없다고 생각했다. 아빠가 운영하던 공장을 정리하고 살던 집까지 사채업자에게 넘어갔을 당시, 엄마에겐 강북의 방 두세 개짜리 전셋집에 들어갈 정도의 돈이 남아 있었다. 그런데 엄마는 뜻밖에도 강남을 선택했다. 그것도 대한민국에서 가장 비싼 아파트와 저택들이 몰려 있어 '로열 빌리지 Royal Bridge'라 불리는 이 동네의, 마치 양식 성찬 한가운데 놓인 김치 종지처럼 이질적인 폐가를 말이다.

"엄마, 왜 하필 강남이야?"

이지는 도저히 이해할 수 없다는 표정으로 물었을 때, 엄마가 혼잣말처럼 중얼거렸던 기억이 생생하다.

"가난은 참을 수 있어. 하지만 희망 없는 가난은 견디기가 힘들구나. 그래서 강남으로 가는 거야."

"……!"

엄마의 눈동자에 어린 깊은 절망의 그림자를 발견한 이지는 입을 다물 수밖에 없었다. 그리고 엄마가 아빠로 인해 포기한 모든 것들을 자신을 통해 보상받으려 한다는 사실에 숨이 막힐 듯한 부담감을 느꼈다. 하지만 그 역시 참아야 한다고 생각했다. 어쨌든 자신은 아빠와 엄마가 부부가 된 덕분에 세상에 태어났으며 열네 살, 중학교 일 학년이 될 때까지 아무런 조건 없이 먹여주고, 재워주고, 입혀줬으니 그 정도 부담

감은 당연한 것일지도 모른다. 이지는 나름 공평한 소녀였던 것이다.

그렇지만 그런 이지조차 가끔은 엄마가 원망스러웠다. 로열 빌리지로 이사 온 덕분에 이지는 엄마가 그토록 희망하던 대한민국 상위 1% 아이들만 다닌다는 최고의 명문 '나래중학교'에 입학할 수 있었다. 중·고교 평준화가 이루어진 지가 언젠데 아직도 그런 잠꼬대를 하느냐고? 물론 나래중학교도 뺑뺑이를 돌려서 정원을 채운다. 그러나 입학 대상 지역에 사는 학생들 전부가 이 나라의 재계, 법조계, 학계를 주름잡는 명문가의 자녀들이라면 뺑뺑이가 다 무슨 소용이겠는가? 나래중학교는 로열 빌리지 한복판에 자리 잡고 있다는 사실만으로도 이미 명문일 수밖에 없었다.

이지는 그 대단한 학교에서 망망대해에 떠 있는 작은 무인도처럼 고립된 처지였다. 그녀는 로열패밀리가 아니었으므로 이마가 황금빛으로 반짝반짝 빛나는 친구들만 모여 있는 학교에서 최대한 눈에 띄지 않으려고 노력했다. 학기 초에는 이런 노력이 결실을 거뒀으나, 꽃샘추위가 물러가고 봄기운이 완연해지면서 이지의 작전은 벽에 부딪혔다. 학기 초의 서먹함이 사라지고 조금씩 얼굴을 익힌 클래스메이트와 친구로 엮이기 시작하면서 부터였다. 크고 작은 행사와 모임이 이어지며 이지는 점점 자신의 정체가 탄로 날지 모른다는 불안감에 시달렸다.

다른 곳에서 친구를 사귀는 것은 아이와 아이 간의 문제였다. 그런데 여기에선 집안끼리의 문제로 이어졌다. 한 지역에서 오랫동안 터를 잡고 살아온 부모들은 몇 사람만 거치면 서로에 대해 훤히 알 수 있었다. 그래서 이곳의 아이들은 친구가 되기 전에 먼저 어느 집안의 누구인지를 밝히고 상대방의 집안을 묻는 게 보편적인 일이었다. 그리고 누구의 생일이 되면 친구 서너 명이 모여서 작은 케이크에 촛불을 켜고 수줍게 "해피 버쓰데이 투유~" 하며 생일 축하 노래를 부르는 게 아니라, 패밀리레스토랑을 통째로 빌려서 반 친구 전체를 초대하는 게 보통이었다. 이러니 눈에 띄지 않으려야 띄지 않을 수 없었던 것이다.

"윤이지, 너 로즈힐에 산다고 했지?"

"응? 으응……."

그러잖아도 요즘 짝인 세라가 의심 가득한 표정으로 집을 묻곤 해서 그때마다 심장이 뚝 떨어질 것 같은 이지였다. 다행히 다세대주택이 최고급 아파트단지인 로즈힐rosehill 바로 옆에 붙어 있는 덕분에 같은 주소를 쓰고 있어서 친구들이 대충 윤이지는 로즈힐에 산다고 생각해 주었던 것이다. 하지만 친구들과 같이 하교하지도 않고 집에 대해서도 말하지 않는 이지를 수상쩍게 여긴 세라가 얼마 전부터 집에 데려가 달라고 졸라 대는 바람에 골머리를 앓는 중이었다.

이지는 가난을 숨기고 싶은 마음은 없었다. 가난이 불편하긴 하지만 부끄럽지는 않다는 나름 기특한 신념도 품고 있었다. 그럼에도 이지는 친구들에게 떳떳하게 집을 공개하지 못했다. 그걸 빌미로 친구들이 자신을 왕따시킬까 봐 두려운 것도 아니었다. 그보다는 뭐랄까…… 오히려 한 번도 상대해 본 적이 없는 찌질이를 어떻게 대해야 할지 몰라 전전긍긍하는 모습을 보고 싶지 않았다. 그 아이들이 약간의 동정심과 약간의 호기심이 섞인 눈으로 자신을 물끄러미 바라보는 장면은 상상만 해도 끔찍했다.

그래서 이지는 엄마가 살짝 원망스러웠다.

'엄마, 살아 있는데 죽은 척하는 게 얼마나 힘든 줄 알아? 엄마가 그걸 알았다면 함부로 이 폐가를 선택하지는 않았을 거야.'

"이지야, 얼른 밥 먹지 않고 뭐하니?"

엄마가 주걱으로 밥상을 내리치자 이지는 퍼뜩 정신을 차렸다.

"으아아! 지각이다!"

결국 이지는 아침도 못 먹고 학교를 향해 달리기 시작했다. 기분 좋은 봄바람이 이지의 교복을 스치고 지나갔다. 이지는 가슴에 '나래'란 두 글자가 큼직하게 박힌 교복을 좋아했다.

'만약 사복을 입어야 했다면……, 상상만으로도 끔찍해.'

사복이었다면 반 애들은 분명 패션쇼를 방불케 하는 차림으로 등교했을 테고, 도저히 따라할 형편이 못되는 이지도 더 이상은 정체를 숨길 수 없었을 것이다. 전방에 보이는 교문을 향해 바삐 걸음을 내딛는 이지의 팔을 뒤쪽에서 누군가 잡아당겼다.

"어이, 윤이지!"

"어, 세라야."

싱글벙글 웃는 세라의 얼굴을 발견한 이지는 긴장했다. 짝꿍인 세라는 약간 수다스럽지만 쾌활한 친구였다. 이지도 세라가 싫지는 않았다. 자신에 대한 집요한 관심만 빼면 말이다.

아니나 다를까 이지와 나란히 걸으며 세라가 또 그 말을 꺼냈다.

"윤이지, 너 오늘이 무슨 날인지 알지?"

"오늘이 무슨 날인데?"

세라가 팔꿈치로 이지의 옆구리를 쿡 찔렀다.

"너희 집에 놀러 가기로 한 날이잖아."

"……."

이지의 표정이 딱딱하게 굳어졌다. "그건 네가 일방적으로 정한 약속이잖아!" 하고 쏘아붙이고 싶었지만 그럴 수도 없었다. 이쪽에서 과민반응을 보일수록 세라는 더 집요해지곤 했다. 이지는 억지로 미소를 지으며 세라를 달랬다.

"세라야, 오늘은 좀 곤란해. 다음 달에 오면 안 될까, 응? 내가 이렇게 부탁할게."

손까지 모아 쥐는 이지를 향해 세라가 눈을 치켜떴다.

"왜? 왜 또 안 되는 건데?"

"그게 말이지……."

머리를 굴리던 이지가 짐짓 곤란한 표정으로 대답했다.

"실은 엄마가 요즘 좀 아프셔. 그래서 친구를 데리고 갈 형편이 아니야."

"이지, 너 정말……."

세라의 눈꼬리가 하늘로 향하는 것을 보며 이지는 아차 싶었다.

"엄마가 아프다는 건 지난번에 이미 써먹은 핑계잖아!"

"그, 그랬나?"

세라는 당황하는 이지에게 틈을 주지 않고 닦달했다.

"내가 괜히 너희 집에 가려는 줄 아니? 이게 다 너를 위해서라고. 애들이 이지 네 뒤에서 뭐라고 수군거리는지 알아? 위장전입으로 우리 학교에 입학했다고들 한다고."

"위, 위장전입……?"

위장전입이란 좋은 학교에 입학하기 위해 친척이나 지인의 집에 주소지를 옮겨놓는 부정행위를 말한다. 부자도 아닌 주제에 부자들만 다니는 학교에 들어 왔으니, 위장전입이 맞을지도 모른다고 생각하며 이지는 쓰게 웃었다.

세라가 그런 이지를 향해 다짐을 받듯이 말했다.

"그러니까 오늘은 꼭 가야 해! 알았지?"

"으응…….''

결국 이지는 고개를 끄덕이고 말았다. 방과 후의 일은 방과 후에 고민하자는 생각이었다. 마음이 풀린 세라가 교문 위쪽을 가리키며 빙긋 웃었다.

"그건 그렇고……, 너 혹시 소식 들었니?"

"무슨 소식?"

세라가 가리킨 방향을 향하는 이지의 눈에 {경축! 하주노 선배의 복학을 환영합니다!} 라고 쓰인 커다란 플래카드가 들어왔다. 그러고 보니 교문 기둥과 벽에도 하주노란 이름이 들어간 환영 문구들이 전단지처럼 덕지덕지 붙어 있었다.

"하주노가 누구기에 저렇게 요란하게……."

고개를 갸웃하는 이지를 마치 멸종 직전의 희귀생물처럼 쳐다보며 세라가 호들갑을 떨었다.

"어머, 웬일이니? 윤이지, 너 완전 대박이다!"

"뭐가?"

"강남 산다는 애가 어떻게 하주노란 이름을 모를 수가 있니?"

"그, 그 이름을 꼭 알아야 하는 거야?"

"당연하지. 하주노 선배는 로열 중의 로열이니까."

세라는 흥분을 가라앉히기 힘든 듯 혓바닥으로 입술을 한 번 적시고는 말을 이었다.

"대한민국 최고의 패션그룹인 '이시스lsis'의 왕자님이잖아. 하주노 선배의 어머니가 할아버지의 가업을 물려받아 현재는 연 매출만 수조 원 대에 달하는 대기업! 그리고 하주노 선배는 어머니로부터 그 이시스를 물려받을 유일한 상속인이자 황태자라는 말씀!"

"하하……. 그, 그렇구나."

자신에게는 너무 멀게 느껴지는 이야기였지만 별처럼 눈을 반짝이는 세라를 무시할 수가 없어 이지는 억지로 미소를 지었다. 이것을 호감으로 잘못 판단한 세라가 이지와 나란히 교문을 통과하며 목소리를 높였다.

"하지만 대기업 상속인이란 것이 하주노 선배의 진짜 매력은 아니야. 하주노는 우리와 같은 중학교 1학년 때 이미 아이돌스타로 각광

을 받았지. 너도 '3P' 라고 들어는 봤겠지?"

"아……!"

그제야 이지가 입을 살짝 벌렸다. 3P라면 평소 아이돌에 관심이 없는 이지조차 이름을 기억할 정도로 유명한 그룹이었다. 세 명의 중학생 소년으로 구성된 그룹이었는데, 세 명의 프린스가 모였다고 해서 이름도 3P였다. 대부분의 친구들은 'Top prince' 라 불렸던 그룹의 리더를 가장 좋아했다. 이지는 그 리더의 이름이 하주노였다는 기억이 어렴풋이 떠올랐다.

이지가 기억을 더듬는 듯한 눈빛으로 중얼거렸다.

"3P라면 나도 들어 본 기억이 있어. 초등학교 친구들 중 광팬이 여럿 있었거든. 그런데 리더가 갑자기 그룹 해체를 선언하는 바람에 팀이 깨졌다고 들었는데……?"

세라가 검지를 눈앞으로 세우며 씨익 웃었다.

"바로 이 부분에서 하주노의 매력이 폭발한다고 할 수가 있지."

"……?"

"하주노가 은퇴를 선언했을 때는 3P의 인기가 그야말로 하늘을 찌를 지경이었어. 그런데 바로 이때 하주노 선배는 전격 은퇴를 선언하고 팀을 깨 버렸어. 그리곤 작년 중3때 학교를 휴학하고, 홀연히 이시스의 본사가 있는 프랑스로 날아갔어. 그곳에서 어머니를 도와 후계자 수업을 받고 있다는 풍문만 바람결에 프랑스 치즈 냄새와 함께 풀풀 풍겨왔지. 은퇴 당시 구름 떼처럼 몰려든 기자들이 앞 다퉈 은퇴 이유를 물어봤을 때, 하주노 선배가 뭐라고 대답했는지 알아?"

"다, 당연히 모르지."

짜릿한 비밀을 감추고 있는 듯 주먹을 꽉 움켜쥔 채 이지의 얼굴을 들여다보던 세라가 양팔을 쭉 펼치며 기지개 켜는 시늉을 했다.

"아아~ 따분해."

이지는 기가 막힌 표정을 지었다.

"네가 얘기를 시작해 놓고 웬 따분?"

"그게 아니라 하주노 선배가 마이크를 들이미는 수많은 기자들을 향해 나처럼 기지개를 켜며 '아~ 따분해'라고 말했다고."

"엥? 기자회견이 그렇게 따분했나?"

"아니, 그게 바로 기자들이 알고 싶어 하는 이유였던 거야."

"그럼 팀을 깬 이유가 설마……?"

눈을 동그랗게 뜨는 이지를 향해 세라는 고개를 끄덕였다.

"하주노 선배는 따분하다는 이유만으로 인기절정의 아이돌 그룹을 해산시켜 버렸어. 어때, 진짜 대박 아니니?"

"……."

이지는 잠시 생각에 잠겼다. 아이돌 가수를 별로 좋아하지 않았기에 친구들과는 달리 3P에 관해 별로 관심이 없었다. 3P가 은퇴 발표를 할 때도 무슨 사정이 있겠거니 했던 것이다. 하지만 갑작스런 은퇴의 이유를 알고 나니, 세라와는 반대로 왠지 그에 대한 호기심이 봄볕에 눈이 녹듯 사라져 버리는 느낌이었다.

로열 빌리지의 폐가

이지의 시큰둥한 안색을 살피던 세라가 물었다.

"왜 그래?"

"응, 뭐가?"

"표정이 왜 그리 떨떠름하냐고? 너는 하주노 선배가 멋지다고 생각하지 않아?"

"글쎄……."

"뭐가 글쎄인데?"

"3P 중 나머지 두 사람 말이야."

"……?"

"만약 하주노 선배가 진짜 따분하다는 이유만으로 팀을 깼다면 나머지 두 사람에게 너무 큰 실례가 아닐까? 두 사람에겐 3P가— 굉장히 소중했을지도 모르잖아. 단지 따분했던 팀원 한 사람 때문에 그 둘이 모든 것을 잃었다고 상상해 보면 끔찍하지 않니?"

이지의 얼굴을 멍하니 들여다보던 세라가 한숨을 푹 쉬었다.

"윤이지 너는 좀 애늙은이 같아. 꼭 할머니처럼 말한다고."

"내가 그랬나……?"

고개를 갸웃하는 이지의 손목을 잡고 세라는 학교 현관으로 향하는 계단을 뛰어올라갔다.

"늦기 전에 뛰자! 어쨌든 하주노 선배가 다시 3학년으로 복학하면 예전보다 몇 배는 더 재미있는 학교가 될 거야!"

우리 엄마 아니야!

"게임방으로 직행하지 말고, 집으로 가야 한다."

담임선생님의 종례가 끝나자마자 이지는 총알처럼 교실 뒷문을 향해 뛰었다. 옆자리에서 가방을 싸고 있던 세라가 버럭 소리를 질렀다.

"윤이지, 너 정말 이럴 거야?!"

오늘만은 세라를 완전히 무시하기로 결심한 이지는 단거리 육상선수처럼 복도를 내달렸다. 힐끗 돌아보니 씩씩대며 쫓아오는 세라와 몇몇 친구들이 보였다.

'세라야, 제발! 나 좀 살려주라, 응?'

이지는 애원이라도 하고픈 심정이었다.

"헉…… 허억……!"

로즈힐 아파트 정문이 보이는 길 건너편 가로수 뒤에 숨어 이지는 숨을 헐떡이고 있었다. 학교에서부터 십 분 넘게 달렸더니 심장이 터질 듯했다. 그런데도 세라를 따돌리는 데는 실패했다.

"정세라, 네 팔뚝 굵다……!"

어떻게 저보다 먼저 도착한 것인지, 이지는 정문 앞에서 서성이는 세라와 세 명의 친구를 째려보며 중얼거렸다. 세라는 이지가 로즈힐에 산다고 철석같이 믿고 정문을 지키고 있는 것 같았다. 문제는 저 문을 통과하지 않으면 반대편 쪽문과 맞닿아 있는 다세대주택으로 갈 수 없다는 사실이었다. 무슨 독립군처럼 비장한 표정의 세라와 친구들은 순순히 물러갈 기세가 아니었다.

꼬로록~.

아랫배에서 밥 달라는 소리가 요란했다. 오늘따라 세라를 어떻게 따돌릴까 고민하다가 급식도 반 넘게 남겼던 것이다. 이지는 지치고 배가 고파 당장이라도 주저앉을 지경이라 빨리 집으로 돌아가 밥을 먹은 후 편안히 쉬고 싶은 마음이 간절했다.

부우우!

이때 핸드폰이 진동했다. 냉큼 핸드폰을 꺼내 화면을 보니 엄마의 번호였다.

"여보세요?"

"이지니?"

"응, 엄마."

"너 목소리가 왜 그래? 어디 아파?"

"그냥 배가 좀 고파서 그래."

"집이지? 엄마 좀 늦을 테니까 라면이라도 끓여 먹어."

"그게, 아직 집 아닌데. 집에 들어가기가 조금 그래서……."

"왜? 혹시 또 아빠 친구들이 와 있니?"

엄마의 목소리에 날이 섰다. 아빠는 사업을 할 때 인심이 후한 사장이었던 모양이다. 그래서 집이 망하고 나서도 예전에 공장에서 함께 일했던 아저씨들이 종종 찾아와 라면에 소주를 몇 병씩 나눠 마시고 돌아가곤 했다. 아저씨들은 초등학생 때에 비해 키가 훌쩍 큰 이지를 보고 낼모레 시집가도 되겠다며 흰 이를 드러내고 웃으셨다. 아저씨들의 웃음은 순박했다.

이지는 아저씨들이 오는 것이 싫지는 않았지만 찬바람을 차단하려고 구멍이란 구멍은 꽁꽁 틀어막은 원룸 안에서 담배를 뻑뻑 피우는 것만은 곤혹스러웠다. 그래서 아저씨들이 놀다갈 때까지 밖을 서성이곤 했는데, 엄마는 그걸 알고는 아빠를 향해 눈을 부라렸다.

"어이구~ 잘한다, 잘해! 하나밖에 없는 딸내미 폐가에 처박은 것도 부족해서 이제는 애 공부도 못 하게 집구석을 너구리굴로 만들어? 당신이 그러고도 아빠라고 말할 자격이 있어?"

"으음……."

그럴 때면 아빠는 무언가 뜨거운 것을 삼키는 듯 신음을 흘렸다. 아빠의 잘못이 아니라고 말해 줄 수도 있었지만 이지는 그러지 않았다.

어쨌든 엄마만 밖으로 내몰고 집에서 바둑판이나 들여다보는 아빠가 이해되지 않았기 때문이다. 아빠는 좋은 사람이 분명했지만 능력 있는 아빠로는 보이지 않았다.

"이놈의 인간이 딸내미 공부를 돕지는 못할망정 또 방해만 하고 있구만."

"엄마, 실은 그게 아니라……."

이지가 안 되겠다 싶어서 사실대로 말하려는데 엄마가 말꼬리를 싹둑 잘랐다.

"너, 지금 당장 이리 와서 밥 먹어라."

"뭐?"

"엄마가 일하고 있는 저택으로 오란 말이야."

"싫어. 내가 왜 거길 가?"

이지는 펄쩍 뛰었다.

"여기 빈 집이야. 가족은 다 외국에 나가 있고, 지난겨울에 아들만 잠깐 들어와서 얼굴 한 번 봤어."

"그래도 싫은데……."

"아무도 없다는데 왜 고집을 부려?"

엄마의 짜증 섞인 목소리를 들으며 이지는 다시 아파트 정문을 보았다. 세라와 친구들이 정문 바로 옆쪽 벤치에 아예 자리를 잡고 앉아 있는 게 보였다. 순순히 물러갈 기세가 아니었다.

아랫배에서 다시 꼬로록 소리가 들렸다. 이지는 결국 못 이기는 척 말했다.

"거기가 어딘데?"

"우와아……"

엄마가 일하고 있다는 저택의 대문 앞에 선 이지의 입에서 탄성이 새어 나왔다. 저택은 집이라기보다 성에 가까웠다. 버스 두세 대가 나란히 서서 통과할 수 있을 정도로 큼직한 대문은 누구의 침입도 허락하지 않겠다는 듯이 굳게 잠겨 있었다. 좌우로 길게 늘어선 담장 역시 성곽처럼 높고 견고했다. 그리고 곳곳에 CCTV가 설치돼 있는 게 보였다. 안이 보이지는 않았지만 대문과 담장만 보고도 저택의 규모를 짐작할 만했다.

"이런 집에는 대체 어떤 사람들이 살고 있을까?"

나직이 중얼거리며 이지는 초인종을 눌렀다.

"이지니?"

초인종이 울리자마자 인터폰에서 엄마의 목소리가 들렸다. 이지가 머리 위의 CCTV를 보며 대답했다.

"응, 엄마!"

"지금 열어 줄 테니 들어오렴."

덜컹 소리와 함께 대문이 자동으로 열렸다. 문을 밀고 들어가려던 이지는 등 뒤에서 들려오는 고함소리에 정신이 번쩍 들었다.

"윤이지!"

"세, 세라야……?!"

핼쑥한 얼굴로 돌아서는 이지의 앞에 화가 머리끝까지 치민 세라가 친구 셋을 거느리고 서 있었다.

"네가 어떻게 여기까지……?"

"아파트 건너편에서 돌아서는 너를 발견하고 쫓아왔다, 왜?"

씩씩대던 세라가 이지의 뒤쪽 반쯤 열린 대문을 쳐다보며 물었다.

"그런데 여기가 너희 집?"

이지는 황급히 양손을 동시에 저었다.

"저, 절대로 아니야!"

"윤이지, 너 정말 나쁜 애구나?"

"그, 그게 무슨……?"

"방금 네 엄마가 인터폰으로 하는 말 다 들었어. 그런데도 여기가 너희 집이 아니라는 거니?"

"……."

이지는 입을 다물고 말았다. 어쩌다보니 세라가 오해하기 딱 좋은 상황이 벌어진 것이다. 세라가 이지에게 얼굴을 바싹 들이밀었다.

"네가 겸손해서 부자라는 걸 숨기려고 했던 마음은 이해해. 하지만 이제 그만 포기하고 우릴 집에 초대해야 하지 않을까?"

당황한 이지가 어버버 하는 사이 인터폰에서 엄마의 목소리가 다시 들려왔다.

"이지야, 안 들어오고 뭐하니?"

세라가 그거 보라는 듯이 웃었다. 결국 이지는 어깨를 축 늘어뜨리며 대문을 밀고 들어갔다.

"일단 들어가자."

"진작 그럴 것이지."

세라는 의기양양하게 이지를 뒤따랐다.

운동장처럼 넓은 정원을 가로지르며 이지는 신음을 삼켜야 했다. 골프장처럼 푸른 잔디가 깔린 정원에는 수영장까지 갖춰져 있었다. 이지를 따르던 세라와 친구들이 대신 감탄사를 연발했다.

"와아~ 이지네 집 대박이다!"

"이 동네에서도 이런 저택은 드물어!"

"윤이지 요 깜찍한 것! 대체 왜 이런 집을 숨기고 있었니?"

이지의 귀에는 친구들의 목소리가 들리지 않았다. 이지는 엄마와 맞닥뜨렸을 때 어떻게 행동하느냐에 대한 고민으로 머리가 터져 버릴 지경이었다. 그런 이지의 앞에 방이 수십 개쯤 돼 보이는 삼 층짜리 저택이 다가들었다.

"아으……!"

으리으리한 거실 입구에서 엄마와 마주치는 순간 이지는 딱딱하게 굳어 버리고 말았다. 엄마는 검은색 유니폼에 레이스 앞치마를 두른 전형적인 메이드 복장을 하고 있었다. 그리고 청소 중이었던 듯 오른손에는 걸레, 왼손에는 청소기가 들려 있었다. 이지와 엄마는 한동안 아무 말 못 하고 서로의 얼굴을 멍하니 보고 있었다. 갑작스레 등장한 세라와 친구들 때문에 엄마도 적잖이 놀란 눈치였다.

"너희 엄마는 어디 계시니?"

"……!"

이지는 세라를 흠칫 돌아보았다. 세라는 엄마를 당연히 메이드로 생각하는 것 같았다. 당황하는 엄마와 세라를 번갈아 보며 이지는 이제 그만 진실을 밝힐 때가 되었다고 생각했다. 세상의 어떤 비밀도 영원한 법은 없으니까.

"이지야?"

하지만 세라가 다시 묻는 순간, 이지의 입에선 전혀 엉뚱한 소리가 나와 버렸다.

"아줌마, 엄마 어디에 있어요?"

"……!"

딸로부터 졸지에 아줌마 소리를 들은 엄마의 눈이 휘둥그레졌다. 하지만 엄마보다 정작 말을 꺼낸 이지가 더 깜짝 놀랐다. 윤이지, 너 미쳤구나? 대체 더 이상 뭘 숨기겠다고 이러니? 스스로를 자책하며 이지는 떨리는 목소리로 입을 열었다.

"세라야."

"응?"

"실은 우리 엄……."

엄마가 이지의 말을 막으며 세라를 향해 머리를 숙인 것은 바로 그때였다.

"사모님께선 편찮으시답니다. 오늘은 내려오지 못하실 것 같다며 저보고 대신 친구 분들을 대접하라고 하셨습니다."

'엄마, 대체 왜 이래?'

당황하는 이지를 향해 엄마는 희미하게 고개를 저었다. 엄마의 눈은 시키는 대로 하라고 말하고 있었다. 어찌할 바를 몰라 멍청히 서 있는 이지를 향해 엄마가 싱긋 웃었다.

"아가씨, 뭐하고 계세요?"

"예?"

엄마가 널찍한 거실 창가 쪽의 고급스러운 소파를 가리켰다.

"친구 분들을 안내하셔야죠. 다과를 내올 테니 말씀들 나누고 계세요."

"그, 그렇지만……."

이지가 망설이고 있을 때 현관 쪽에서 신경질적인 목소리가 들려왔다.

"아줌마, 대문을 활짝 열어 놓고 있으면 어떡해요?"

이지와 세라 그리고 세 친구는 일제히 현관을 향해 돌아섰다. 쭉 뻗은 다리에 착 달라붙는 스키니 진을 입고, 헐렁한 후드티를 걸친 남자애가 막 집안으로 들어서는 모습이 보였다. 이지보다 한두 살쯤 많아 보이는 남자애는 언짢은 일이라도 있는지 한쪽 눈썹을 치켜세우고 입꼬리를 살짝 비튼 채였다. 그럼에도 불구하고 저렇게 스키니 진과 후드티가 잘 어울리는 남자애는 본 적이 없다고 이지는 생각했다.

평소 귀걸이를 하는 남자라면 질색하던 이지였지만 남자애의 왼쪽 귀에서 반짝이는 작은 귀걸이만은 반항의 상징처럼 멋져 보였다. 바로 앞에 우뚝 선 남자애의 얼굴을 멍하니 보며 이지는 자신의 처지도

잊은 채 속으로 중얼거렸다.

'어쩜……, 무슨 남자애가 저렇게 시크하게 생겼을까?'

이지를 핑크빛 상념에서 벗어나게 해 준 것은 세라의 째지는 비명 소리였다.

"꺄아악? 하주노 선배다!"

"하, 하주노라면?"

이지가 눈을 크게 떴다.

세 친구와 함께 연신 소리 지르며 발을 동동 구르던 세라가 급기야 남자애를 향해 양팔을 활짝 벌리고 달려들었다.

"주노 오빠, 사랑해요!"

쿠욱!

하지만 남자애가 검지를 뻗어 정확히 세라의 이마를 짚었다. 손가락에 가로믹힌 세라가 양팔만 휘저으며 꺅꺅거렸다. 그 상태로 남자애는 짜증스러워 못 견디겠다는 표정을 짓고 있었다.

'저 남자가 로열 중의 로열이라는 하주노란 말이지?'

이때 엄마가 이지의 옆으로 황급히 나서며 하주노를 향해 머리를 숙였다.

"어서 오세요, 도련님. 오랜만에 집으로 돌아오셨군요."

그제야 상황을 파악한 이지는 입을 쩍 벌렸다.

'뭐야, 이 저택이 하주노 선배의 집이었어?'

하주노가 엄마를 향해 신경질적으로 물었다.

우리 엄마 아니야!

"애들은 다 뭐예요, 아줌마? 대문은 활짝 열려 있고, 왜 낯선 애들이 집에 들어와 있는 겁니까?"

"그, 그건……."

적당한 변명거리를 찾지 못한 엄마는 쩔쩔 맸다.

짝!

세라가 갑자기 손뼉을 요란하게 마주쳤다. 놀란 이지와 엄마 그리고 주노의 시선이 일제히 세라에게로 쏠렸다. 난데없이 손뼉을 치곤 눈을 부릅뜨고 있던 세라가 의혹이 가득한 표정으로 이지와 주노의 얼굴을 번갈아 쳐다보았다.

"윤이지, 너는 이곳이 분명 너희 집이라고 했어. 하주노 선배에게도 아주머니가 집에 돌아오셨다고 말했지. 그렇다면 한집에 살고 있는 게 분명한 두 사람은 대체 무슨 관계지?"

"딸꾹!"

세라의 날카로운 지적에 너무 놀란 이지는 딸꾹질을 했다. 자신을 빤히 쳐다보는 하주노와 눈을 마주한 채 이지는 석상처럼 굳어 버렸다.

의심 가득한 눈으로 이지를 째려보던 하주노의 시선이 옆에 서 있는 아줌마에게로 천천히 옮겨졌다. 이 모든 소동의 원인을 알고 있는 사람은 지난겨울부터 저택을 관리하기 시작한 저 메이드 아줌마일 거라고 생각하는 눈치였다.

"……!"

눈에 잔뜩 힘을 주고 아줌마를 바라보던 주노는 움찔했다. 자세히 보니 메이드 아줌마의 눈매와 여자애의 눈매는 무척 닮아 있었다. 그 외에도 작고 도톰한 입술과 유난히 선명한 턱선 등 아줌마와 여자애는 닮은 곳이 한두 군데가 아니었다.

'그래, 그렇게 된 거였군.'

주노는 아줌마와 여자애가 모녀지간이라는 결론에 도달했다. 정황으로 보아 여자애는 친구들에게 이 저택이 자신의 집이고 엄마는 메이드라고 소개한 것이 분명했다. 여기까지 생각이 미치자 주노는 은근히 화가 치밀었다.

'뭐, 저런 싸가지가 다 있어?'

여자애를 한 번 사납게 째려본 주노가 방금 질문을 던진 다른 여자애를 향해 돌아섰다. 친구들을 속이기 위해 자기 엄마까지 부정한 아이에게 톡톡히 망신을 줄 작정이었다.

"우리가 어떤 사이냐 하면……."

시원하게 폭로하려던 주노는 순간적으로 멈칫했다. 무언가 뜨거운 것이 뒤통수에 꽂히는 느낌이었다. 천천히 고개를 돌리던 주노는 움찔했다. 메이드 아줌마가 이글거리는 눈으로 자신을 잡아먹을 듯이 노려보고 있었기 때문이다. 아줌마의 눈은 절대 딸의 비밀을 밝혀서는 안 된다고 협박하고 있었다.

아줌마, 엄마를 메이드라고 부른 딸을 보호하고 싶어요? 자신의 엄마라면 이럴 때 어떻게 했을까, 생각해 보던 주노의 표정이 씁쓸하게 변했다.

'엄마라면 틀림없이 스스로 나서서 나의 거짓말을 폭로했겠지. 그것이 결과적으로 아들을 위하는 길이라고 확신하면서 말이야.'

주노는 저도 모르게 철저히 감정적인 메이드 아줌마와 얼음장처럼 이성적인 엄마의 모습을 비교해 보고 있었다. 그리고 어쩌면 아이에게 정말 필요한 것은 동물적으로 자식을 감싸는 저런 엄마일지도 모른다는 결론에 도달했다.

진실을 폭로하려다 말고 잠시 생각에 잠긴 주노를 이지는 초조하게 지켜보았다. 세라와 친구들도 주노를 뚫어져라 주시하고 있었다. 머지않아 주노의 입을 통해 자신의 거짓말이 들통 나면 친구들은 이지의 위선에 치를 떨 것이다. 학교도 더 이상은 다니기 힘들겠지? 땀이 흥건히 배인 손을 꽉 쥐고 있던 이지가 결심한 듯 천천히 고개를 들었다.

"너희들에게 고백할 게 있어."

"응, 뭐라고?"

이지가 착 가라앉은 목소리로 말하자 주노에게 시선을 고정시키고 있던 세라가 흠칫 돌아보았다. 세라와 시선을 마주친 이지는 어금니를 지그시 깨물며 말했다.

"여기 하주노 선배와 나는 실은……."

꽈악!

"……!"

바로 그 순간 주노가 이지의 어깨를 강하게 끌어안았다. 기겁한 이지는 눈을 부릅뜨고 그를 올려다 봤다. 이해할 수 없다는 듯 쳐다보는 이지의 얼굴을 주노가 흐릿하게 웃으며 보았다. 한동안 불안하게 흔들리는 이지의 눈동자를 들여다보던 주노가 세라와 친구들을 향해 또박또박 말했다.

"나와 이지는 사촌지간이야."

"……!"

이지는 마른하늘 아래서 벼락을 맞은 사람 같은 표정을 지었다. 장난스럽게 미소 짓는 주노의 얼굴을 보며 이지는 혼란에 빠져 들었다. 대체 왜? 왜? 왜? 왜냐고?

그런 이지의 마음을 아는지 모르는지 주노는 입을 쩍 벌린 세라와 세 친구들을 향해 친절하게 설명을 덧붙였다.

"내가 일 년 가까이 프랑스에 나가 있었던 건 알지? 엄마는 프랑스에 남고 나 혼자 들어왔어. 그래서 당분간 이지네 집에서 신세지기로 했지."

간신히 정신을 차린 세라는 여전히 의심스럽다는 표정이었다.

"둘이 사촌지간이라면 어째서 성이 다른데요? 윤이지와 하주노……, 누가 봐도 이상하잖아요?"

이지는 뜨끔했지만 주노는 여유 만만이었다.

"성이 다르다고 사촌이 아니라니, 너 바보냐? 이지는 내 외사촌이야. 이지 어머님이 내 이모님이시지. 더 이상 설명이 필요해?"

"……."

이렇게 되자 세라도 입을 다물 수밖에 없었다. 세라는 그래도 무언가 미심쩍은 듯 한동안 이지와 주노의 얼굴을 뚫어져라 보았다. 한참만에야 세라는 이지를 향해 눈을 흘겼다.

"엉큼한 지지배, 아침에 내가 주노 선배 얘기했을 때는 시치미를 뚝 떼더니만!"

"미, 미안해. 괜히 자랑 같은 거 하고 싶지 않아서 일부러 말 안 했어."

"알았어, 알았다고."

손을 휘휘 흔들던 세라가 이지에게 얼굴을 바싹 들이밀며 속삭였다.

"대신 주노 선배 보러 너희 집에 자주 놀러 올 거야. 그건 괜찮지?"

"헤헤……, 이제 다 밝혀졌으니 상관없겠지, 뭐."

억지로 웃는 이지를 보고 있던 주노가 세라에게 말했다.

"오늘은 이만 돌아가 줄래? 시간도 늦었고, 나도 공항에서 막 도착해서 좀 쉬고 싶은데."

아쉬움 가득한 눈으로 주노를 보던 세라가 마지못해 발길을 돌렸다.

"그럼 내일 또 놀러 올게요. 이지야, 학교에서 보자."

"미안해, 얘들아!"

세라와 친구들이 사라지고 현관문이 닫혔다. 마치 마라톤 풀코스를 완주한 사람처럼 다리에 힘이 풀린 이지는 휘청거릴 수밖에 없었고 그걸 본 주노가 재빨리 부축했다.

'대체 어떻게 고마움을 표시해야 할까?'

주노의 따뜻한 손길을 느끼며 천천히 고개를 돌리던 이지는 숨을 훅 들이마시고 말았다. 주노가 병아리를 노리는 매의 눈으로 이지를 째려보고 있었기 때문이다.

"고, 고맙습니다, 선배……."

간신히 중얼거리는 이지를 홱 밀치며 주노가 쏘아붙였다.

"너 좋으라고 거짓말한 거 아니니까 고마워할 필요 없어. 그보다 아주머니, 이게 다 뭡니까? 이제 슬슬 설명해 주셔야죠?"

엄마도 선뜻 대답하지 못하고 주노의 시선을 피하기 급급했다. 침을 꼴깍 삼킨 이지가 팔을 번쩍 쳐들었다.

"제가 설명하겠습니다!"

"그래, 그럼 네가 해 봐."

"이게 다 어떻게 된 일이냐 하면……."

잠시 후, 한쪽 다리를 꼬고 소파에 거만하게 앉아 있는 주노 앞에 이지와 엄마는 죄인처럼 마주앉아 있었다. 이지가 왜 세라와 친구들에게 그런 거짓말을 하게 됐는지 솔직하게 설명을 마친 직후였다. 등짝이 축축해지고 입안이 바싹바싹 타는 느낌이었다. 이지는 엄마와 함께 재판장의 판결을 기다리는 죄인이 된 기분이었다.

"그러니까 무엇이냐……."

마침내 주노의 입이 천천히 열렸다. 이지는 힐끗 고개를 들어 주노의 붉은 입술을 보았다. 참 잘생긴 입술이란 말씀이야. 또 자신의 처지를 망각한 이지가 엉뚱한 생각을 했다. 그런 이지에게 현실을 깨우쳐 주려는 듯 주노가 냉기를 풀풀 풍기며 말을 이었다.

"철거를 앞둔 원룸에서 찌질하게 사는 걸 숨기기 위해 엄마까지 메이드로 취급하셨다?"

"예에……."

이지가 기어들어가는 목소리로 대답했다. 주노가 손가락으로 이지의 얼굴을 가리키며 잔인하게 내뱉었다.

"너 같은 애가 제일 싫어. 겉으론 순진한 얼굴을 하고선 속으론 온갖 호박씨를 다 까잖아. 나래중학교에 다니면서도 부잣집 애들은 이기적이라며 내심 경멸하고 있었겠지? 하지만 실은 그 애들을 끔찍하게 동경하니까 이런 어처구니없는 일을 벌인 거야. 안 그래?"

"……."

변명의 여지가 없었다. 이지는 무릎 위에 올려 놓은 주먹을 꽉 움켜쥐고 주노의 공격을 견뎌냈다. 슬쩍 옆을 돌아보던 이지는 그만 움찔했다. 이지처럼 고개를 숙인 엄마의 눈가에 눈물이 가득했기 때문이다.

"입이란 게 있으면 변명이라도 해 보시지. 혹 지금도 난 잘못이 없으니 너 혼자 실컷 짖어 봐라. 뭐 이러고 있는 건가?"

이지가 천천히 고개를 들고 주노의 얼굴을 보았다.

"선배의 말이 다 옳아요. 이건 진심이에요. 하지만 솔직히 더 이상은 꾸지람을 듣고 싶지가 않네요."

"그것 봐. 역시 넌 진심으로 뉘우치는 게 아니었어. 엄마를 메이드라 불렀던 애의 정신 상태가 오죽하겠냐마는……."

"나 때문이 아니라 엄마 때문이에요!"

"……!"

이지는 더 이상 참지 못하고 버럭 고함을 질렀다. 그제야 주노도 말을 멈추고 이지의 엄마를 보았다. 어깨를 떨고 있는 것으로 보아 울고 있는 것 같았다.

이지는 울먹이는 소리로 말했다.

"세상의 어떤 엄마가 자식이 눈앞에서 욕을 먹는 모습을 보고 싶어 하겠어요. 나는 욕을 먹을 만한 짓을 했지만 엄마 앞에서만은 그만해 주길 부탁해요."

눈물을 뚝뚝 흘리는 이지의 얼굴을 주노는 멍하니 바라보았다. 복잡한 눈으로 이지를 보던 주노가 소파 등받이에 머리를 기댔다.

"그래서, 이젠 어쩔 셈인데?"

이지의 엄마가 눈물을 훔치며 말했다.

"오늘이라도 당장 일을 그만두겠어요."

"지금 아줌마가 일을 그만두고 말고가 중요한 게 아니라고요."

주노가 짜증스런 표정으로 이지를 가리켰다.

"너! 너는 어떻게 할 거냐고?"

"무슨 말씀인지……?"

"네 생각에 세라란 아이가 순순히 포기할 것 같아?"

"……?"

어리둥절해 하는 이지를 주노가 한심한 듯이 쳐다보았다.

"내일부터 세라는 거의 매일 여기에 들락거릴걸. 그러면서 호시탐탐 너와 나의 관계를 캐내려고 들겠지."

"아앗!"

비로소 상황을 파악한 이지의 입에서 짧은 비명이 새어나왔다. 주노가 씨익 웃으며 말을 이었다.

"그러니까 너도 좋든 싫든 당분간은 학교가 끝나자마자 우리 집으로 달려와야 할 거야. 그렇지 않나?"

"염치가 있지 어떻게……."

"그래도 최소한의 양심은 있는 모양이군. 나도 너의 거짓말을 지켜 주기 위해 널 집안에 들여놓을 생각은 추호도 없어. 그래서 말인데……."

이지와 엄마가 눈을 동그랗게 뜨고 주노의 입술을 쳐다보았다. 마침내 그의 입이 천천히 열렸다.

"네가 당분간 너희 엄마 대신 우리 집에서 메이드로 일하는 건 어떨까?"

"예에?"

메이드 인 메이드

얼결에 이지는 주노의 메이드가 되었다. 우리 귀한 딸이 메이드가 웬 말이냐며 펄쩍 뛰던 엄마도 주노가 손가락 두 개를 천천히 들어 올리며 월급을 두 배로 주겠다고 말하자 젊어 고생은 사서도 한다며 등을 떠밀었다.

'도대체 왜 그랬을까?'

수업시간, 유체이탈이라도 한 듯 멍하니 앉아 있던 이지는 주노가 왜 월급까지 올려주면서 자기를 메이드로 삼았는지 이유를 생각해 보았다. 아무리 머리를 굴려도 명확한 해답은 얻을 수 없었다.

"우리나라 최초의 여성 임금이신 선덕여왕께서는 재위 십오 년 동안 통일의 기초를 다지셨다. 여왕께서 특히 어떤 정책들로 신라를 부강하게 만들었는지 누구 아는 사람은……."

"으아아! 몰라! 정말 모르겠다!"

만면에 미소를 머금고 학생들을 둘러보던 선생님이 비명을 지르며 양손으로 머리카락을 마구 헝클어뜨리는 이지를 황당한 듯 쳐다보았다. 세라를 비롯한 모든 아이들의 시선이 이지에게 쏠렸다.

"윤이지, 꼭 너를 짚어서 물어 본 건 아니었거든."

선생님이 짐짓 화난 눈으로 이지를 째려보자 아이들이 왁자하게 웃음을 터뜨렸다. 낯빛이 홍당무처럼 변한 이지는 고개를 푹 숙였다.

얼마 안 있어 수업이 끝났고 이지는 책상 위로 엎어졌다. 세라가 이지의 옆구리를 손가락으로 쿡 찔렀다.

"이지 양, 대체 왜 그래?"

"내, 내가 뭘?"

"아까부터 넋을 놓고 있잖아?"

"아무것도 아니야."

고개를 핵핵 젓는 이지를 세라가 눈을 가늘게 뜨고 보았다.

"흐음……, 수상한데."

"수상하긴 뭐가 수상하다고 그래?"

펄쩍 뛰는 이지를 잠시 더 바라보던 세라가 히죽 웃으며 말했다.

"오늘 나와 반 친구 열 명이 너희 집에 놀러 가는 거 알지?"

"엥? 나는 처음 듣는 소리인데?"

"저런, 내가 아직 얘기 안 했던가? 주노 선배가 있다는 말에 애들

전부가 가겠다는 걸 고르고 고르느라 진짜 힘들었어."

"헐!"

천연덕스럽게 말하는 세라를 이지는 기가 막힌 듯이 쳐다보았다. 세라를 보니 주노 선배의 말대로 당분간 저택의 메이드가 되기로 한 것은 잘한 일 같았다. 하지만 고작 중학교 일 학년인 자신이 잘해낼 수 있을지 걱정이 앞서기도 했다. 성처럼 넓은 저택을 매일 청소하는 것도 큰일이었지만, 까칠한 선배의 입맛에 맞는 요리를 준비하는 게 무엇보다 걱정이었다.

"난 밖에서 밥 안 먹어. 화학조미료를 잔뜩 넣은 외식은 질색이니까 명심하도록."

상대방을 깔보듯 입꼬리를 살짝 비틀며 선배는 강조했었다. 다행히 이지는 엄마 대신 아빠를 위해 밥을 차리곤 했었기 때문에 또래들보다는 음식 솜씨가 나은 편이었다. 그래봤자 계란찜, 김치볶음밥, 카레라이스를 만드는 정도였지만. 그걸로 로열 중의 로열이라는 선배의 입맛을 만족시킬 수 있을 리가 없었다.

"휴우~."

이지는 세라 몰래 한숨을 쉬었다.

학교가 끝나고 이지는 집으로 향하고 있었다. 세라와 친구들을 미리 주노의 저택으로 보내놓고 꼭 필요한 물건을 가지러 가는 중이었다. 이지는 잠시 길가 화단에 엉덩이를 붙이고 섰다. 한숨이 절로 나왔다.

"어이, 꼬마 아가씨!"

누군가 부르는 소리에 이지는 고개를 돌렸다. 보도에 좌판을 깔고 헌책을 팔고 있는 할아버지가 보였다. 할아버지는 옛날 사람처럼 한복을 입으시고 모자도 곱게 쓰고 있는 모습이었다.

"왜 그러세요, 할아버지?"

"이리 와서 앉아 보렴."

의아한 듯 묻는 이지에게 할아버지가 손짓을 했다. 이지는 고개를 갸웃하며 좌판 앞에 앉았다. 그런 이지를 향해 할아버지가 돋보기안경을 쓴 얼굴을 불쑥 디밀었다.

"왜, 왜요?"

점쟁이처럼 이지의 얼굴을 이리저리 뜯어보던 할아버지가 책 한 권을 내밀었다.

"꼬마 아가씨에겐 이 책이 필요하겠군."

얼결에 받아 보니 '세기의 로맨스'라는 제목이 큼직하게 박힌 두꺼운 양장본 책이었다. 책은 제목 글자가 반쯤 지워질 정도로 낡아 있었다.

책을 흔들며 이지는 물었다.

"이 책이 저한테 필요하다고요? 대체 왜요?"

"그야 아가씨가 곧 사랑에 빠질 것이기 때문이지."

"사, 사랑?"

눈을 동그랗게 뜨는 이지를 향해 할아버지가 꿈꾸는 듯한 눈빛으로 말했다.

"그래, 눈을 감고 느껴 보렴. 사랑은 봄바람과 같아서 두꺼운 외투를 입고 있어도 온몸 구석구석으로 스며들기 마련이거든."

"하, 하지만 눈을 감든 뜨든 그럴 만한 사람이……."

고개를 갸웃거리던 이지는 멈칫했다. 언 땅을 뚫고 솟아나는 푸른 새순처럼 한 남자의 얼굴이 불현듯 떠올랐기 때문이다. 자기를 메이드로 고용한 잘난 금딱지. 왜 갑자기 금딱지가 떠올랐는지 이유조차 모른 채 가슴만 북처럼 쿵쾅거리기 시작했다.

이지는 책장을 넘기며 할아버지를 향해 확인을 받듯이 물었다.

"그러니까 이 책을 읽으면……?"

"꿈꾸던 사랑을 이루게 된다네, 꼬마 아가씨."

"하하!"

이지는 기도 안 찬다는 듯이 웃었다. 나이 드신 할아버지의 상술이 대단하다는 생각도 했다. 하지만 손에 꼭 움켜쥔 책을 놓을 수는 없었다.

"이거…… 얼만가요?"

"그냥 가져."

"예에?"

"오랫동안 외로웠던 책이 이제야 주인을 만나서 나도 기쁘단다. 헐헐."

"고, 고맙습니다. 친구들과 함께 책 사러 올게요."

"부디 예쁜 사랑을 이루길 바란단다, 아가씨!"

연신 손을 흔드는 할아버지에게 이지도 손을 흔들어 보였다. '세기의 로맨스' 군데군데 지워진 책 제목을 들여다보며 이지는 사랑이라는 단어가 나왔을 때, 왜 갑자기 주노의 얼굴을 떠올렸는지 그것이 궁금했다.

"너희들 귀찮아! 당장 이 집에서 나가!"

이지가 생각하기에도 저택으로 찾아온 세라와 열 명이나 되는 친구들이 좀 심하긴 했다. 짜증스런 기색이 역력한 주노를 졸졸 쫓아다니며 두 시간 넘게 꺅꺅 소리를 질러댔으니 말이다. 그렇다고 팬이라는 후배들에게 대놓고 막말을 하는 주노도 주노였다.

"흐흑~ 선배가 아무리 구박해도 우린 또 올 겁니다."

눈물을 훌쩍이는 세라와 친구들을 주노는 현관 밖으로 억지로 몰아냈다. 주노가 손바닥을 탁탁 털며 이지에게로 돌아왔다. 그리고 다소곳이 서 있는 이지의 옆에 털썩 주저앉으며 말했다.

"배고프다. 밥 먹자.

"예에?"

순간 이지의 안색이 파랗게 질려 버렸다. 드디어 올 것이 온 것이다.

"밥 먹자고. 네 잘난 친구들 접대하는 데 신경 쓰느라 배고파 죽을 것 같아."

벽에 걸린 시계를 보니 오후 여섯 시를 가리키고 있었다. 이제 막 여섯 시가 됐을 뿐인데 무슨 배가 고프다고 호들갑이람? 불만스런 이지의 얼굴을 보며 주노가 씨익 웃었다.

"내가 아직 얘기 안 했나? 나는 하루 세 끼를 정확히 정해진 시간에 먹어야 되는 사람이야. 그러니까 잊지 말고 하루에 세 번씩 시간에 맞춰서 새로운 요리를 대령하도록. 알았지?"

"아, 예."

이지는 억지로 웃으며 대답했다.

"흐음……, 오늘 저녁 메뉴로는 뭐가 좋을까?"

기대 만발한 표정으로 고민하던 주노가 손가락을 따악 튕겼다.

"그래, 오므라이스가 좋겠어."

"오므라이스요?"

"응! 오므라이스 만들 줄 알지?"

이지는 가슴을 쓸어내렸다. 다행히 조리 가능한 몇 안 되는 요리 중 하나였다. 이지는 서둘러 주방으로 향했다.

잠시 후, 이지는 김이 모락모락 피어오르는 오므라이스 접시를 들고 조심조심 걸음을 옮기고 있었다. 이지는 문득 걸음을 멈추었다. 거실 한쪽 벽을 꽉 채운 넓은 창은 온통 황혼에 물들어 있었다. 창문을 통과해 들어온 짙은 주황빛이 소파에 앉아 잡지를 뒤적이는 주노를 물들이고 있었다. 전혀 다른 차원에 머물러 있는 듯 그의 모습은 비현실적으로 보였다.

'로열 중의 로열이라고 부르는 이유를 이제야 알겠군.'

봄바람에 스친 풀잎처럼 가슴이 떨림을 느끼며 이지는 속으로 중얼거렸다. 보통 사람은 저렇게 강렬한 빛을 받으면 그 존재감이 묻히기 마련인데 하주노는 그렇지 않았다. 아무리 강렬한 배경이라도 그 안에서 돋보이고 마는 힘이 있달까. 그건 꼭 그가 부자이기 때문만은 아닐 것이라고 이지는 생각했다. 내면의 어떤 독특한 개성이 그를 노을보다 선명해 보이도록 만드는 것이리라.

"배고파 죽겠는데 접시 안 내려놓고 뭐하고 있어?"

주노의 짜증스런 목소리에 이지는 퍼뜩 정신을 차렸다. 그리고 서둘러 주노의 앞에 접시를 내려놓았다.

"죄, 죄송해요."

"제발 똑바로 좀 하자. 너는 오늘부터 이 집의 메이드란……."

포크를 들어 올리던 주노의 표정이 확 일그러졌다.

"왜, 왜요? 뭐가 잘못됐나요?"

"너……, 지금 뭘 만들어온 거냐?"

"오, 오므라이스 먹고 싶다고 하셨잖아요?"

"이게 오므라이스야?"

땡강!

주노가 내던진 포크가 접시에 부딪혔다가 이지의 발밑에 떨어졌다. 이지가 허리를 숙여 포크를 주우며 물었다.

"대체 무엇이 잘못됐다는 건데요?"

주노가 접시를 들어 올린 채 고함쳤다.

"계란 위에 울긋불긋한 이게 대체 뭐야?"

"케첩이잖아요. 오므라이스 위에는 당연히 케첩을 뿌려야죠."

주노가 한심하다는 표정을 지었다.

"누가 촌스럽게 오므라이스 위에 설탕시럽 같은 케첩을 뿌려? 오므라이스는 담백한 맛이 생명이란 말이다! 알아들어?"

이지는 결국 다시 주방으로 돌아가야 했다. 그리고 십 분 내로 음식을 내오지 않으면 너를 요리해 버리겠다는 주노의 고함을 들으며 정신없이 오므라이스를 만들었다. 물론 이번에는 케첩 뚜껑도 따지 않았다.

"어때요? 이번엔 먹을 만하죠?"

계란으로 돌돌 만 오므라이스 껍질을 포크로 헤집는 주노를 향해 이지가 불안한 듯이 물었다.

타악!

주노가 다시 포크를 소리 나게 내려놓자 이지는 찔끔했다.

"계란과 밥 밖에 안 들어간 오므라이스를 왜 먹는 줄 알아?"

"그야……."

"바로 담백한 맛 때문이야. 그런데 넌 오므라이스를 기름 범벅으로 만들었어."

"미, 미안해요. 다시 만들게요."

고개를 숙이는 이지를 째려보며 주노가 말했다.

"당연히 다시 만들어야지. 이번엔 제발 제대로 좀 만들어라. 너 때문에 배고파서 돌아가실 지경이거든."

"예에……."

접시를 들고 돌아서며 이지는 문득 코끝이 찡해졌다. 윤이지, 너 왜 이래? 이 정도 구박에 울 정도로 연약한 아이였어? 어금니를 깨물고 참아 봤지만 기어이 한쪽 눈에서 눈물이 주르륵 흐르고 말았다. 이지는 그것이 억울해서인지 섭섭해서인지 알 수가 없었다.

주방에서 이지는 결국 엄마에게 전화를 걸었다.

"흐음, 오므라이스를 담백하게 요리하는 법이란 말이지?"

"응, 굉장히 급해!"

"일단 케첩을 뿌리면 안 될 것 같구나."

"그건 나도 알아. 그것 말고 다른 비법은 뭐 없어?"

잠시 생각하던 엄마가 물었다.

"너 혹시 오므라이스 만들 때 밥을 볶았니?"

"응, 엄마도 그렇게 만들었잖아."

"어떤 요리책에서 보니까 밥을 볶지 말고 쪄서 넣으면 훨씬 담백해진다고 하더라. 그럼 주노가 원하는 맛이 나지 않을까?"

"알았어, 엄마. 일단 끊을게."

전화를 끊자마자 이지는 땀을 뻘뻘 흘리며 요리를 시작했다.

"이번엔 제법 먹을 만했어. 하지만 내 입맛을 따라오려면 아직 멀었어."

식사를 마친 주노가 냅킨으로 입가를 고상하게 닦으며 말했다. 그 앞에 서서 이지는 안도의 한숨을 쉬었다. 접시에는 오므라이스가 반 넘게 남아 있었지만 포크를 내던지지 않은 것만으로도 감지덕지였다.

바깥은 이미 깜깜해져 있었다. 이지는 주노를 향해 머리를 꾸벅 숙였다.

"오늘은 이만 가 볼게요. 그리고 내일 학교 끝나면 바로 올게요."

"지금 무슨 소리를 하는 거야?"

"예?"

"학교가 끝나고 네가 나타나면 내일 아침과 내 점심은 어떻게 해결하라고?"

"그, 그야……."

"나는 한 끼라도 거르면 못 견딘다고 말했을 텐데."

"하지만 아침에 여기 와서 요리까지 하면 등교시간이 너무 촉박해서……."

"메이드로 일하는 동안은 우리 집에서 자고 다니도록 해."

"후우~ 그렇군요. 결국 여기서 자는 방법 밖에는……."

별 생각 없이 중얼거리던 이지는 비명을 지르며 가슴을 감싸 안았다.

"꺄아악! 서, 선배랑 단둘이 밤을 보내란 말이에요?"

겁에 질려 부들부들 떠는 이지를 주노가 기가 막힌 듯이 보았다.

"너, 지금 무슨 상상하니?"

"……."

대답조차 못 하는 이지를 향해 주노가 천천히 다가왔다. 그리고 손가락으로 이지의 이마를 쿡쿡 찔러댔다.

"이 하주노가……, 로열 중의 로열인 내가……?"

"꺄악!"

주노가 손가락으로 힘껏 밀자 이지는 고개를 번쩍 젖혔다. 주노가 이지의 이마를 연속적으로 찌르며 퍼부어댔다.

"내가 너처럼 볼품없는 애를 건드릴 것 같아? 날 대체 뭘로 보는 거야, 엉? 제발 네 꼬라지를 파악해라, 엉? 엉?"

"흑~ 아파요. 이제 그만해요."

이마를 손바닥으로 가린 이지를 째려보며 주노가 말했다.

"내 아침식사가 아니더라도 당분간은 저택에서 자고 다니는 게 유리할걸."

"왜요?"

"네 친구 말이야. 언젠가는 아침 일찍 짠하고 나타나서 네가 진짜 이 집에서 나오는지 확인할 것 같지 않아?"

"그, 그렇구나!"

소스라치게 놀라는 이지를 주노가 한심한 듯이 보았다.

"메이드가 되면서까지 지킨 비밀이 들통 나고 싶지 않으면 빨리 집에 전화해서 네 물건이나 가져다 달라고 하시지."

"……"

입술을 잘근잘근 깨물며 고민하던 이지는 결국 핸드폰을 꺼냈다. 엄마에게 전화를 걸면서도 이지는 내심 믿는 구석이 있었다. 설마 엄마가 연약한(?) 딸이 늑대 같은 선배 곁에서 밤을 보내도록 하지는 않을 것이라는 아주 당연한 믿음!

"호호호~ 아빠와 엄마가 당장 짐을 옮겨 줄 테니 조금만 기다리렴. 혹시 그 하주노란 애가 너를 좋아하는 눈치는 아니니? 여자 별거 없다, 너. 남자 하나 꽉 물어서 시집 잘 가면 만사형통이에요. 엄마가 인생 경험을 듬뿍 담아서 하는 말이니 명심 또 명심해라. 알았지?"
"하아~ 엄마 난 고작 중 1이거든!"
이지는 깊은 한숨을 토하며 보통 엄마와는 너무도 다른 엄마를 향해 항의해 봤지만 전화는 이미 끊긴 후였다.

엄마는 아빠를 재촉해 그날 밤 당장 이지의 옷가지며 책들을 옮겨 왔다. 그때부터 이지의 고달픈 메이드 생활이 본격적으로 시작되었다. 고달픔의 원인은 당연히 잘난 금딱지 선배 때문이었다. 주노는 정말 집에서 만든 것 외에는 아무 것도 먹지 않았다. 그 많은 돈을 쌓아 뒀다가 어디에 쓰려는지 피자 한 판 시켜 먹는 일이 없었고, 시간까지 엄수하며 밥을 대령하기만을 고집했다.
'집밥 못 먹고 죽은 귀신이 붙었나, 원!'
툴툴거리면서도 이지는 새벽 같이 일어나 아침식사를 준비했다. 자신이 학교에 가 있는 동안 선배가 먹을 점심까지 만들어 둬야 했기에 두 배로 힘이 들었다. 이지는 엄마에게 전화를 걸어 코치를 받고 인터넷을 뒤져 새로운 메뉴를 개발하느라 눈코 뜰 새가 없었다. 그런 이지를 더욱 힘들게 하는 것은 바로 주노의 변덕이었다.
아침은 가볍게 오믈렛을 먹고 싶다고 해서 부지런히 만들면 갑자기 "오믈렛 말고 샌드위치." 하고 잡지를 뒤적이며 아무렇지도 않게 말하는 것이다. 다시 땀을 뻘뻘 흘리며 샌드위치를 만들어 주면 "아침이라 빵은 좀 부담스럽네. 차라리 스프가 낫겠어." 라고 미안한 기색조차 없이 태연히 말한다. 이지가 주먹을 부들부들 떨며 노려볼라치면 무슨 할 말이라도 있냐는 듯 쳐다보곤 했다.

"바로 너! 너라는 인간이 문제란 말이야!"

손가락으로 이마를 쿡쿡 찌르며 악을 쓰고 싶은 충동을 가까스로 억누르며 이지는 조용히 부엌으로 향할 수밖에 없었다. 도저히 참을 수 없는 지경에 이르러 엄마에게 전화로 하소연하면 엄마는 월급이 미리 들어왔다며, 우리 딸이 어느새 커서 아빠와 엄마를 호강시켜준다는 말로 무언의 압력을 팍팍 넣었다.

여기에 주노의 예언대로 세라가 아침 일찍부터 대문 앞에 종종 나타나는 바람에 일을 때려치우려고 해도 도저히 그럴 수 없는 상황이 되어 버렸다. 하느님……, 단 한 번의 거짓말로 이런 시련을 내리시다니, 너무 가혹하다고 생각하지 않으세요?

오늘도 한바탕 전쟁 같은 아침을 준비하고 이지는 방으로 돌아왔다. 학교에 가지 않아도 되는 토요일이란 게 너무나 반가웠다. 점심때까지는 아직 시간이 좀 남아서 이지는 책상 위에 올려 둔, 책장수 할아버지로부터 선물 받은 '세기의 로맨스'를 펼쳤다. 이지는 요즘 책에 실린 여러 편의 로맨스 중 첫 번째 이야기인 헨리 8세와 앤 블린의 이야기에 푹 빠져 있었다. 유명한 바람둥이 헨리 왕을 사랑한 앤 블린의 비극적 로맨스를 다룬 내용이었는데 이 변덕쟁이 왕을 보면 이상하게도 주노가 떠올랐다.

"흥! 하긴 하주노도 변덕 대마왕이긴 하지. 누가 그 까칠이의 여친

이 될지 불쌍하다, 불쌍해."

 이지는 미간을 잔뜩 찌푸린 채 책장을 넘겼다. 편한 옷으로 갈아입고 침대에 엎드려 헨리와 앤이 블린 가의 사냥터에서 처음 만나는 장면을 읽던 이지의 눈이 피로를 이기지 못하고 스르륵 감겼다. 이지의 손을 빠져나간 책은 바닥으로 툭 떨어졌다.

 치리리릿.

 순간 책에서 오렌지색 빛이 가닥가닥 피어오르기 시작했다. 연기처럼 침대 주변을 떠돌던 빛이 잠든 이지의 몸을 천천히 감쌌다. 이지를 완전히 감싼 빛이 풍선처럼 부풀어 오르는가 싶더니, 순식간에 빛과 함께 그녀의 모습도 감쪽같이 사라져 버렸다. 방바닥에 떨어져 있던 책도 함께였다.

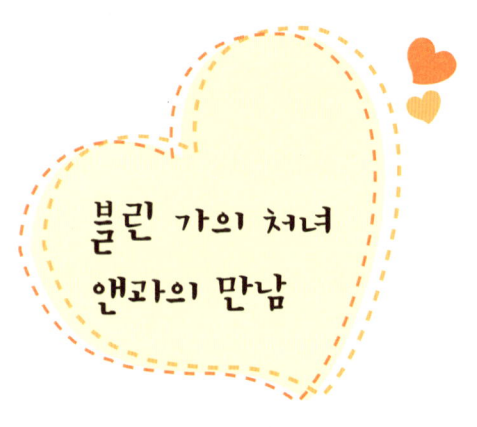

블린 가의 처녀 앤과의 만남

우투투투--!

이지는 잠결에 요란한 진동음을 들었다. 지진이라도 난 듯이 대지를 뒤흔드는 진동음이 말발굽 소리라는 사실을 깨닫는 데는 약간의 시간이 필요했다. 어라, 내가 꿈을 꾸고 있는 건가? 뜬금없이 웬 말발굽 소리가 들리지?

무거운 눈꺼풀을 힘겹게 들어 올리던 이지의 입에서 날카로운 비명이 터져 나왔다.

"꺄아악~!"

분명 침대에서 책을 읽고 있었는데 저게 대체 뭐야?! 이지는 자신이 방이 아니라 봄이 한창인 들판에 있다는 사실에 패닉에 빠졌다. 게다가 흙먼지를 날리며 세 필의 커다란 말이 이지를 향해 달려오고 있었다. 난생 처음 가까이서 본 말은 생각보다 훨씬 거대했다. 저 발에 깔리면 큰일이 나겠구나 생각하면서도 이지는 발이 떨어지지 않아 도망칠 수도 없었다.

"저, 저 사람은……?!"

말에 올라탄 사람들을 살피던 이지의 눈이 커다래졌다. 선두의 백

마에 올라탄 주노를 발견했기 때문이다. 주노는 중세 유럽의 왕족처럼 튜닉 상의에 가죽 바지를 입고 금빛 망토를 휘날리고 있었다. 화살이 장전된 석궁을 움켜쥔 오른손을 흔들며 주노가 고함을 질렀다.

"거기 천민, 물러서! 물러서라!"

주노보다 약간 뒤처져 달려오는 두 아가씨도 중세 귀족처럼 흰색 블라우스에 통이 넓은 스커트 그리고 갈색 망토를 두른 채였다. 아무리 그래도 천민이 뭐냐, 천민이? 순간적으로 발끈하려던 이지는 자신을 깔아뭉갤 듯이 덮쳐드는 말발굽을 피해 황급히 몸을 날렸다.

"으아악!"

투투투투!

이지를 아슬아슬하게 스쳐 지나간 말들이 가까스로 멈춰 섰다.

"끄으으……."

땅바닥에 얼굴을 박은 채 꼴사나운 모습으로 처박혀 있던 이지는 손으로 바닥을 짚으며 힘겹게 일어났다. 얼굴과 몸에 묻은 흙을 털어내는 이지를 향해 석궁을 늘어뜨린 주노와 예쁘장한 두 아가씨가 다가왔.

이지가 미간을 찌푸리며 주노에게 물었다.

"그 우스꽝스런 몰골은 뭐예요? 이 두 아가씨는 누구고요? 분명 집에 있었는데 언제 나를 이런 곳으로 옮겨놓은 거죠?"

정신없이 질문을 퍼부어대는 이지의 얼굴을 주노와 두 아가씨가 오히려 황당한 듯 쳐다보았다. 주노가 시치미를 뗀다고 생각한 이지는 목소리를 높였다.

"왜 대답을 못 해요? 지금 날 놀리는 거예요? 아가씨들도 기분 나쁘게 쳐다보지만 말고 뭐라고 말 좀 해 봐요."

이지가 손가락으로 주노의 양옆에 서 있는 아가씨들을 가리켰다. 오른쪽에 선 약간 어려 보이는 아가씨가 짐짓 근엄한 표정으로 입을 열었다.

"어허, 보아 하니 평민 같은데 무엄하기 짝이 없구나. 국왕전하 앞이다. 당장 무릎을 꿇지 못할까?"

"하하……, 국왕전하라고요? 이 선배가 국왕전하면 나는 여왕이겠네요, 여왕!"

이지는 기가 막혀 헛웃음을 흘렸다. 하지만 주노와 두 아가씨는 웃지 않았다. 왼쪽의 언니로 보이는 아가씨가 걱정스러운 듯이 이지를 쳐다보았다.

"애야, 그런 불경스런 말을 입에 담으면 사형에 처해질 수도 있단다. 보아 하니 정신이 온전한 아이 같지는 않구나. 네 가족은 대체 어디에 있니?"

"……?"

이지는 입을 다문 채 자신을 뚫어져라 주시하는 주노와 두 아가씨의 얼굴을 번갈아 쳐다보았다. 주노는 낯선 사람처럼 자신을 보고 있었다. 그 눈빛이 이지를 살짝 불안하게 만들었다. 이지가 주노의 팔을 툭 치며 히죽 웃었다.

"에이~ 이거 다 장난이죠? 날 골탕 먹이려고 그러는 모양인데……."

순간 오른쪽 아가씨가 버럭 소리쳤다.

블린 가의 처녀 앤과의 만남

"무엄하다! 감히 누구의 옥체에 손을 대는 것이냐? 이 분은 대영제국의 존엄하신 헨리 8세 국왕전하시다!"

"……!"

이지는 충격으로 입을 쩍 벌렸다. 그러다 문득 아래를 내려다보니 손에 책이 들려 있었다. 바로 그 「세기의 로맨스」 말이다.

이 책이 왜 여기 있는지 따질 겨를도 없이, 이지는 책에 등장하는 헨리 8세란 인물을 떠올렸다.

'헨리 8세라면 그 바람둥이 왕? 왕비를 여섯 명이나 갈아치운 변태 사이코?'

하지만 지금 눈앞에 서 있는 헨리 8세라 불린 청년의 얼굴은 주노가 분명했다. 자세히 보니 차이점이 있긴 있었다. 검은색이었던 머리카락과 눈동자 색이 밝은 색으로 변해 빛나고 있었다. 그렇다면 저 남자가 주노 선배가 아니라 진짜 헨리 8세? 머릿속이 뒤죽박죽이 된 이지가 가늘게 떨리는 손가락으로 주노, 아니 헨리 8세라 주장하는 남자의 양옆에 서 있는 아가씨들을 차례로 가리켰다.

"그렇다면 두 사람은 혹시……?"

오른쪽 아가씨가 눈을 부라렸다.

"나는 국왕전하의 충직한 신하인 토마스 블린 경의 둘째 딸 메리 블린이고, 저쪽은 나의 언니인 앤 블린이다."

"역시 '세기의 로맨스'에 나오는 그 앤 블린이 맞구나……!"

왕의 왼편에 서 있는 앤에게 시선을 고정시킨 이지가 질린 듯이 중얼거렸다. 이지가 마지막으로 확인하듯 물었다.

"그럼 이곳은 16세기 초의 영국이겠군요?"

메리가 고개를 까닥였다.

"그래, 여긴 런던 교외 블린 가의 사냥터다. 우리는 봄을 맞아 영광스럽게도 국왕전하를 초대해서 사냥을 즐기는 중이었지. 바로 네가 나타나기 전까지는 말이다."

이지는 큰 혼란에 빠졌다. 자신은 분명 주노의 저택에서 잠이 들었었다. 그런데 갑자기 16세기의 영국으로 와 책 속의 인물들을 만나게 되다니, 이게 가능한 일이란 말인가? 이거 꿈 아니야?

"아야야~."

볼을 힘껏 잡아당긴 이지의 입에서 신음이 새어나왔다. 눈물이 맺힐 정도로 아픈 걸 보면 꿈은 아닌 것 같았다. 그렇다면 이 황당한 상황은 대체 뭐지?

혼잣말을 구시렁거리는 이지의 얼굴을 왕과 앤 그리고 메리가 이상하다는 듯 보았다.

메리가 이지를 가리키며 단호히 말했다.

"전하께 무례를 범했으니 당장 감옥에 가둬야 합니다!"

"나, 나를 감옥에 가둔다고? 내가 뭘 어쨌기에?"

"너는 감히 전하의 앞을 가로막았을 뿐만 아니라 옥체에 손을 대기까지 했다! 이것만으로도 사형에 처해질 수 있는 중죄임을 모르겠느냐?"

"꺄악! 사, 사형이라고?"

이지는 거의 기절하기 직전이었다. 그런 이지를 동정적으로 보던 앤이 왕에게 간청했다.

"아무래도 제정신이 아닌 아이 같습니다. 너그러이 용서해 주시지요."

"흐음……."

턱을 어루만지며 고민하는 왕을 향해 이지는 양손을 모아 쥐고 최대한 불쌍한 표정을 지어보였다.

"흐흑~ 살려주세요! 모르고 그랬어요!"

한참만에야 왕의 입이 열렸다.

"네 이름이 무엇이냐?"

"유, 윤이지라고 하는데요."

"윤이지? 복장만큼이나 이름도 희한하군."

이지가 고개를 숙여 자신의 차림을 살폈다. 편하게 있으려고 원피스를 입고 있었다. 그런 이지를 향해 왕이 날벼락 같은 선언을 했다.

"불경죄를 묻지는 않겠노라. 대신 네 목숨을 구해준 앤 블린의 시녀가 되어 은혜를 갚도록 하라."

"시, 시녀라고요……?"

메이드도 모자라 이젠 시녀냐? 황당한 표정을 짓는 이지를 왕이 매섭게 째려보았다.

"싫으면 사형을 당할 테냐?"

"시, 싫긴요. 당연히 해야죠. 사람이 은혜를 모르면 쓰나요? 딸꾹!"

질겁한 이지는 연신 딸꾹질을 하며 대답했다. 왕이 피식 웃으며 다시 말에 올라탔다. 앤과 메리도 황급히 왕을 따라 말에 올랐다.

세 사람이 말에 타는 짧은 틈을 이용해 이지는 재빨리 책장을 펼쳤다. 책에서 지금 자신이 겪고 있는 이 장면을 읽은 것 같았기 때문이다. 분명히 최근에 읽은 내용인데, 마치 아주 오래전에 읽은 것처럼 기억이 잘 나지 않았다.

"아앗! 첫 장의 내용이 완전히 사라졌잖아?"

책장을 들여다보던 이지의 입에서 비명이 터져 나왔다. '헨리 8세와 앤 블린의 비극적 사랑' 부분이 깨끗하게 지워져 흰 여백만 남아 있었던 것이다. 이게 대체 무슨 황당한 경우지? 내가 정말 귀신에게 홀린 건가?

당황스런 와중에도 이지는 한 가지만은 짐작할 수 있었다. 자신이 갑자기 머나먼 영국의 중세 시대로 떨어진 것과 책의 내용이 지워진 것은 관련이 있으리란 사실을 말이다. 왠지는 모르지만 이지는 책의 사라진 부분이 채워져야 자신도 현실로 돌아갈 수 있으리란 강한 예감에 사로잡혔다.

"그건 무슨 책이니?"

이때 앤이 책을 펼친 채 멍하니 서 있는 이지를 향해 물었다. 재빨리 책장을 덮고, 책을 옆구리에 끼우며 이지는 손사래를 쳤다.

"아, 아무것도 아니에요."

이상하다는 듯 이지를 쳐다보던 앤이 불쑥 손을 내밀었다.

"말을 탈 줄 아니?"

"전혀요."

"그럼 내 허리를 꽉 안고 있으렴."

"예에…… 꺄악!"

앤이 이지의 팔을 힘껏 끌어당겨 자신의 뒤에 앉혔다. 막상 타고 보니 말 등은 생각보다 훨씬 높아서 현기증이 날 지경이었다. 이지가 앤의 잘록한 허리를 끌어안았다.

"다크우드darkwood에 가면 커다란 멧돼지를 사냥할 수 있을 거예요! 제가 전하를 안내하겠습니다! 이럇!"

앤이 박차를 가하자 말이 빠르게 달리기 시작했다. 이지는 혹시라도 떨어뜨릴까 봐 책을 끌어안은 팔에 단단히 힘을 주었다.

그 숲을 왜 검은 숲이라고 부르는지 이지는 한눈에 알 것 같았다. 울창한 나무들이 빽빽이 자라 있는 숲은 한낮인데도 어두컴컴했다. 그래서인지 나무 밑에는 고사리 같은 양치식물들이 잔뜩 자라나 원시의 냄새를 풍겼다. 마녀라도 숨어서 사악한 약을 부글부글 끓이고 있을 것 같은 분위기였다.

"조심해요."

말의 흔들림에 어느 정도 익숙해진 이지가 앤의 귓가에 대고 속삭였다.

"뭐라고?"

"이제 곧 집채만 한 멧돼지가 나타나 왕을 공격할 거라고요!"

"……!"

이지의 말을 듣고 앤은 크게 놀라는 눈치였다.

"너, 혹시 미래를 알 수 있는 마법사니?"

"그런 거 아니에요."

"그럼 멧돼지가 나타날 거란 걸 어떻게 아는데?"

"그게 실은……."

이지는 선뜻 대답하지 못했다. 자신이 헨리 8세와 앤 블린의 사랑을 다룬 책을 읽었다고 해 봤자 이 고상한 아가씨가 알아들을 리가 없었기 때문이다.

"그…… 그냥 멧돼지가 나타날 것 같은 기분이 들었어요……."

앤이 피식 웃으며 다시 정면을 응시했다.

"너는 정말 희한한 아이구나. 정신이 온전하지 못한 것 같지만 왠지 네가 하는 말에는 믿음이 가거든."

앤은 이지의 말을 정상이 아닌 아이의 넋두리 정도로 생각하는 것 같았다. 그래, 어쩌면 그렇게 생각하는 게 당연하지. 이지는 저도 모르게 한숨을 푸욱 내쉬었다. 답답한 것은 앤과 헨리가 처음 만난 사냥터에서 멧돼지가 튀어나온다는 등 책의 단편적인 몇몇 내용들은 떠오르는데, 전체적인 내용은 띄엄띄엄 생각난다는 것이었다. 쳇! 영락없이 유치원 때 읽은 동화책 같다니까. 대충의 줄거리는 떠오르는데, 자세한 내용은 짙은 망각의 안개에 가려진 듯 희미한 옛날이야기 말이다.

끼에엑~!

빠르게 질주하던 앤의 옆쪽에서 멧돼지의 날카로운 울음소리가 들려온 것은 바로 그때였다. 놀란 앤과 이지 그리고 뒤따라 달려오던 왕과 메리도 고개를 돌렸다. 울창한 잡목 숲을 박차고 정말 집채만 한 멧돼지가 달려 나오고 있었다. 기다란 송곳니를 빛내며 멧돼지는 하필이면 왕을 향해 똑바로 돌진했다.

"너 같은 녀석을 만나고 싶었다!"

왕은 침착하게 석궁을 겨누었다. 왕이 방아쇠를 당기자 화살이 바람을 가르며 날아갔다.

퍽!

"잡았다!"

화살이 멧돼지의 미간에 명중하자 왕이 주먹을 번쩍 쳐들었다. 하지만 그의 얼굴은 이내 파랗게 질려 버렸다. 멧돼지가 화살 한 방쯤은 우습다는 듯이 계속 돌진했기 때문이다.

히히힝!

"으아앗!"

멧돼지에게 옆구리를 들이받힌 말이 비명을 지르며 쓰러졌다. 말에 탔던 왕도 바닥으로 쓰러졌고, 정신없이 땅바닥을 구르는 왕을 보며 앤과 이지가 동시에 비명을 질렀다.

"꺄악! 국왕전하!"

"으악! 주노 선배!"

두두두두!

성난 콧김을 뿜으며 멧돼지가 힘겹게 일어서는 왕을 향해 덤벼들었다. 이대로 가면 대영제국은 오늘 왕좌의 주인을 잃을 것이 분명해 보였다.

"건방진 멧돼지야, 내 화살을 받아랏!"

누군가 바람처럼 왕의 앞을 막아서며 석궁을 발사했다. 이를 악물고 화살을 날린 사람은 바로 메리였다.

퍼억! 꾸웨엑~!

메리의 화살이 다시 멧돼지의 미간에 박혔다. 이번 화살은 효과가 있었다. 멧돼지가 고통스럽게 몸부림치다가 고목나무처럼 쓰러진 것이다. 흙먼지를 풀풀 피워 올리며 쓰러진 후 미동도 하지 않는 멧돼지를 향해 왕과 메리 그리고 앤과 이지가 천천히 다가갔다. 가까이서 보니 멧돼지의 크기는 더욱 엄청났다. 거의 송아지만 한 덩치였다.

이지는 힐끗 고개를 돌려 석궁을 어깨에 걸친 메리를 보았다. 차분한 앤과는 달리 상당히 적극적인 성격 같았다. 아무리 그래도 이런 괴물 멧돼지를 때려잡다니, 이지는 새삼 감탄할 수밖에 없었다.

메리가 허리를 굽혀 멧돼지의 미간에 꽂혀 있던 왕의 화살을 뽑았다. 그리고 양손으로 공손히 들어 왕에게 바쳤다.

"축하드립니다, 전하. 전하께서 다크우드의 폭군을 잡으셨어요."

"지금 무슨 말을…… 으윽!"

멧돼지를 잡은 사람은 왕이 아니라 메리라고 말하려던 이지는 앤이 옆구리를 찌르는 바람에 멈칫했다. 의아한 듯 돌아보는 이지를 향해 앤이 천천히 고개를 흔들었다.

한동안 떨떠름한 표정으로 메리가 바친 화살을 보던 왕이 퉁명스럽게 말했다.

"멧돼지를 잡은 것은 짐이 아니라 그대요. 어찌 짐을 여인의 공이나 가로채는 옹졸한 남자로 만들려고 하는가?"

"멧돼지는 이미 전하의 화살을 맞고 쓰러지기 직전이었습니다. 그때 운 좋게 날아간 제 화살에 맞았던 것이죠. 그러니 당연히 멧돼지를 잡은 사냥꾼은 제가 아니라 전하이십니다."

"으음……."

왕이 미간을 좁히고 잠시 생각에 잠겼다. 그런 왕을 이지와 앤이 유심히 지켜보았다. 에이, 설마 저런 낯간지러운 양보를 받아들이진 않겠지? 이지는 누가 봐도 명백한 진실을 왕이 외면하지는 못할 것이라고 생각했다.

"고맙다. 그대의 말대로 멧돼지를 잡은 사냥꾼은 짐인 것 같구나."

"어라!"

왕이 기대를 배신하고 메리가 내민 화살을 잡자 이지는 인상을 확 구겼다.

"국왕전하 만세!"

"대영제국 만만세!"

머리 위로 화살을 번쩍 쳐드는 왕을 향해 앤과 메리가 머리 숙여 경의를 표했다. 이지도 마지못해 고개를 숙이며 속으로 툴툴거렸다.

'왕이란 작자, 주노 선배만큼 이기적이잖아? 아니, 어쩌면 더 왕재수인지도 모르지. 무서운 일을 당하기 전에 앤에게 헨리 왕을 멀리하라고 경고해 줘야겠어.'

생각에 잠긴 이지의 귀에 메리의 목소리가 들렸다.

"전하, 제 언니인 앤에게 벌을 내려주소서!"

저 애는 벌을 내려달라는 말이 아주 입에 붙었군. 이지가 짜증 섞인 눈으로 메리를 보았다. 아랑곳하지 않고 메리는 말을 이었다.

"앤은 전하를 큰 위험에 빠뜨렸습니다. 애당초 길이 험하고 사나운 맹수들이 득실거리는 다크우드로 전하를 안내한 것 자체가 잘못이었어요. 만약 옥체에 무슨 변고라도 생겼다면⋯⋯ 오오, 신이시여! 영국과 전하를 보호하소서!"

양손을 모아 쥐고 눈물까지 글썽이는 메리를 보며 이지는 저 아가씨가 왜 자기 언니까지 못 잡아먹어서 안달인지 알아차렸다. 흥, 왕의 눈에 들고 싶어서 안달이 나셨군!

당황한 앤이 간신히 변명했다.

"전하께서 큰 멧돼지를 잡을 수 있는 장소로 안내해 달라고 하시기에⋯⋯."

메리가 차갑게 언니의 말을 끊었다.

"언니는 감히 자신의 잘못을 전하의 탓으로 돌리는 거야? 언니가 그렇게 불경스런 사람인 줄은 오늘 처음 알았어."

"그런 게 아니라⋯⋯."

더 이상 참을 수 없게 된 이지가 메리에게 쏘아붙였다.

"전하를 모욕하고 있는 사람은 메리 당신이에요!"

메리가 이지를 잡아먹을 듯 쏘아보았다.

"내가 전하를 모욕하다니? 무슨 말도 안 되는 소리야?"

"메리의 말대로 전하께서는 이 멧돼지를 한 방에 쓰러뜨리셨어요. 그런 전하가 멧돼지 때문에 위험에 처했다고 말하는 것은 내심 멧돼지를 잡은 사람이 전하가 아니라 자신이라고 생각한다는 뜻이 아닌가요?"

"그, 그게……."

할 말을 잃고 더듬거리는 메리를 보며 이지는 득의의 미소를 지었다. 보기 좋게 한 방 먹여준 것이다. 이때 가만히 듣고 있던 왕이 끼어들었다.

"듣고 보니 메리의 말이 옳다. 사실 메리의 도움이 아니었다면 큰일이 벌어질 수도 있지 않았겠는가? 앤은 당분간 근신하도록 하라."

"명심하겠습니다, 전하."

왕을 향해 머리를 조아리는 앤을 보며 이지는 쓰게 입맛을 다셨다. 현실 세계의 주노처럼 중세의 국왕도 자기만 아는 금딱지가 분명했다.

기분이 좋아진 왕이 말에 오르며 말했다.

"블린 가로 돌아가서 멧돼지 바비큐 파티를 열자. 블린 가에서의 마지막 밤을 성대하게 보내야지."

런던타워로 입성하다

"핫하하! 전하와 영국의 영광을 위해 건배합시다!"

기분 좋게 취한 앤과 메리의 아버지 토마스 블린 경이 술잔을 높이 쳐들었다. 정원에 모인 귀족들과 귀부인들이 일제히 일어나 밤하늘을 향해 술잔을 들어올렸다. 앤과 메리 자매와 나란히 서서 이지도 앞에 놓인 포도주 잔을 들었다. 하지만 이지는 국왕 대신 눈앞에서 지글지글 익어가는 멧돼지를 위해 건배했다.

'저 아저씨, 타고난 아첨꾼 같아.'

왕 앞에서 비굴하게 웃는 마른 체격에 교활한 인상의 블린 경을 이지는 못마땅하게 쳐다보았다. 이지는 슬쩍 고개를 돌려 메리의 옆얼굴을 보았다. 흐음, 앤보다는 메리가 아빠를 많이 닮은 것 같군. 이지는 남자에게 잘 보이려고 언니까지 공격한 메리도 영 마뜩치가 않았다. 한참 어린 왕에게 애교를 떨던 블린 경이 문득 고개를 돌려 두 딸을 찾았다. 그가 저택을 향해 걸음을 옮기며 딸들에게 따라오라는 눈짓을 보냈다.

"우리 가문의 운명이 너희 둘에게 달려 있음을 잊지는 않았겠지?"

두 딸을 세워놓고 엄하게 말하는 블린 경의 얼굴을 이지는 약간 떨어진 곳에 서서 지켜보고 있었다. 그의 말을 듣고 있던 이지의 표정이 조금씩 일그러졌다. 그것은 도저히 아빠가 딸들에게 할 수 있는 말이 아니었다.

"전하는 아들을 낳지 못하는 캐서린 왕비에게 불만이 쌓일 대로 쌓여 있다. 지금이 바로 왕을 유혹할 수 있는 최고의 기회란 뜻이지. 너희 둘 중 누구라도 좋다. 왕을 유혹해서 아들을 낳을 수만 있다면 분명 캐서린을 쫓아내고 왕비가 될 수 있을 거야. 그럼 빚에 허덕이며 다른 귀족들로부터 철저히 무시당하는 우리 블린 가도 당당히 런던 최고의 가문으로 우뚝 서게 되겠지."

"히아……."

이지는 저도 모르게 한숨을 내쉬었다. 블린 경의 시선이 문득 이지에게로 향했다. 블린 경의 날카로운 눈빛을 마주한 이지가 어깨를 움츠렸다.

"저 아이는 누구냐?"

앤이 재빨리 대답했다.

"저 아이의 이름은 윤이지예요. 머리가 약간 이상한 아이인데, 전하께서 제게 시녀로 삼으라고 주셨습니다."

전하라는 말에 블린 경의 표정이 누그러졌다.

"흐음, 전하께서 하사하셨다면 데리고 있을 수밖에. 대신 입조심을 단단히 시키도록 해라."

"예, 아버님."

이때 하인 하나가 서재 안으로 헐레벌떡 들어왔다.

"백작님! 토마스 백작님!"

"웬 호들갑이냐?"

짜증을 부리는 블린 경 앞에 서서 하인이 숨을 헐떡였다.

"저, 전하께서 피곤하다며 침실로 들어가셨습니다. 그러더니 곧 아가씨를 찾으셨습니다."

"전하께서 내 딸들 중 한 명을 방으로 부르셨단 말이지?"

블린 경의 눈이 커다래졌다. 앤과 메리도 긴장된 눈으로 서로의 얼굴을 보았다.

"그래서……, 전하께서는 앤과 메리 중 누구를 찾으셨느냐?"

"……"

한동안 두 아가씨의 얼굴을 번갈아 쳐다보던 하인이 천천히 메리의 얼굴을 가리켰다. 순간 앤의 표정이 실망감으로 일그러지는 것을 이지는 똑똑히 보았다.

"만세! 전하께선 역시 나를 좋아하고 계셨어!"

신이 나서 껑충껑충 뛰는 동생 메리를 바라보는 앤의 입가에 서글

픈 미소가 걸려 있었다. 블린 경은 첫째 딸의 마음을 아는지 모르는지 메리의 어깨를 힘주어 잡으며 말했다.

"메리, 네가 정말 자랑스럽구나. 너야말로 우리 블린 가가 낳은 최고의 여신이다."

"고마워요, 아빠. 꼭 왕비가 돼서 우리 집안을 영국 최고의 가문으로 만들게요."

"당연히 그래야지."

그런 두 부녀를 바라보며 이지는 기가 막혔다. 두 사람은 결혼을 신분상승이나 부자가 되는 수단쯤으로 여기는 듯했다. 가엾은 앤. 이지의 시선이 아빠와 동생에게서 철저히 소외당한 앤에게로 쏠렸다. 씁쓸히 미소 지으며 서 있는 앤을 보며 이지는 속으로 중얼거렸다.

'선택받지 못한 것이 앤에게는 오히려 행운이에요. 머지않아 당신은 그것을 깨닫게 될 거예요.'

밤늦게까지 이어지던 파티도 끝이 나고 블린 가는 정적에 잠겼다. 이지는 앤의 침대에서 함께 잠자리에 들었다. 차한 앤은 이지의 머리를 쓰다듬으며 이렇게 말해주었다.

"나는 네가 마음에 들어. 그러니까 우린 주인과 시녀가 아니라, 친구처럼 지내도록 하자꾸나. 어때, 너도 좋지?"

"그래요, 언니."

"언니라고?"

눈을 크게 뜨는 앤을 향해 이지가 친근하게 물었다.

"왜요, 싫어요?"

"아니야. 메리 말고 여동생이 한 명 더 생긴 것 같아서 기쁜걸."

"고마워요. 헤헤!"

속없이 웃던 이지의 표정이 갑자기 어두워졌다.

"왜 그러니?"

걱정스럽게 묻는 앤을 향해 이지는 차분한 목소리로 자신이 미래에서 갑자기 과거로 뚝 떨어졌으며 어떻게 해야 원래의 세계로 돌아갈 수 있을지 모르겠다고 고백했다. 그리고 자신을 과거로 이끈 것으로 생각되는 책에서 지금 시대를 다룬 내용이 깨끗이 사라져 버렸다는 말도 덧붙였다. 물론 그 내용이 헨리 8세와 앤의 사랑을 다룬 것이라는 말은 빼 놓았다. 자신이 내민 책을 혼란스런 눈으로 들여다보는 앤의 안색을 살피며 이지가 물었다.

"내가 하는 말…… 믿기 힘들죠?"

"네 말을 어디까지 믿어야 할지 솔직히 모르겠어. 하지만 언젠가 왕궁에 들어가게 되면 울지 추기경님을 뵙게 해 줄게. 교황 성하의 벗이자 영국 모든 기독교도의 수장이신 지혜로운 추기경님이라면 도움을 주실 수 있지 않겠니?"

"추기경님이 도움이 될지는 모르겠지만 어쨌든 신경을 써 주셔서 고마워요. 잘 자요, 앤 언니."

"이지, 너도 잘 자렴."

앤이 돌려준 책을 가슴에 꼭 끌어안으며 이지는 눈을 감았다. 참 많은 일들이 일어난 하루였다. 피곤에 지친 이지는 곧장 깊은 잠에 빠져들었다.

"오늘은 참 고통스런 날이었어. 이지 네가 곁에 있어준 덕분에 조금은 덜 슬펐던 것 같아."

앤은 나직이 코를 골며 잠든 이지의 얼굴을 들여다보았다.

자정 무렵, 이지는 허전한 느낌에 잠에서 깨었다. 손바닥으로 더듬거려보니 앤의 자리가 비어 있었다.

"언니가 어디로 사라졌지?"

이지는 졸린 눈을 비비며 침대를 빠져나왔다.

저택에서 가장 넓은 방안에서 왕과 메리는 춤을 추고 있었다. 발을 바닥에서 떼지 않고 느리게 추는 바쓰당스였다. 편안한 셔츠 차림의 왕과 하늘거리는 치마를 입은 메리가 방안을 천천히 돌며 행복에 겨운 표정으로 춤추었다. 참 우아한 한 쌍이라고 앤은 생각했다. 전하의 사랑을 차지한 동생을 축하해 줘야겠다는 생각과 지금 전하의 팔을 잡고 있는 사람이 메리가 아니라 자신이었으면 하는 마음이 교차했다.

앤의 눈에서 예고도 없이 눈물이 흘렀다.

"내가 무슨 주책없는 짓을 하고 있는 거지?"

서둘러 눈물을 닦으며 앤은 자책했다. 누군가의 손이 그런 앤의 어깨를 부드럽게 잡았다.

"너는······?"

놀라 돌아보는 앤의 앞에 서 있는 사람은 이지였다. 이지가 앤의 젖은 눈을 측은하게 들여다보았다.

"많이 아파요?"

"저, 전혀."

"여기가 아프냐고요?"

이지가 손가락으로 가슴을 살짝 찌르자 앤이 멈칫했다. 흔들리는 눈으로 이지의 얼굴을 보던 앤이 고개를 천천히 숙였다.

"실은 조금 아파. 나는 메리랑 다른데……, 메리처럼 가문을 위해서가 아니라 전하 자체를 사랑하는데……, 왜 내가 아니라 메리가 선택받은 걸까?"

이지가 설득조로 말했다.

"헨리 왕과 맺어지지 않은 것이 다행이라고 생각하세요."

"무슨 뜻이지?"

고개를 쳐드는 앤의 얼굴에 분노가 스쳤다.

"나 같은 건 전하를 사랑할 자격조차 없다는 거니?"

"그런 뜻이 아니에요. 나중에 이기적인 왕 때문에 고통받고 후회하게 될 거라는 말을 하고 싶었을 뿐이에요."

"……"

이지를 뚫어져라 바라보던 앤이 간신히 표정을 풀었다.

"또 그 책에 나오는 이야기니?"

"농담 아니에요, 언니. 헨리 왕을 사랑하면 언니는 무서운 일을 당하게 된다고요."

"대체 무슨 일을 당하는데?"

"그건……."

이지는 선뜻 답하지 못했다. 너무 끔찍해서 차마 입에 담을 수가 없었던 것이다.

앤이 정색하며 말했다.

"만일 죽임을 당한다 해도 나는 단 하루라도 전하와 사랑을 해 보고 싶어. 이건 진심이야."

"어어……, 그러면 안 되는데……."

앤의 눈빛이 너무 간절해서 이지는 당황했다. '세기의 로맨스'에서 헨리 8세와 앤 블린의 사랑은 비극으로 끝났다. 책의 전체 내용이 흐릿해져 잘 기억이 나지 않았지만, 앤 블린의 마지막 부분만은 똑똑히 기억하고 있었다. 자신이 읽은 책의 내용이 거짓이 아니라면 이지가 걱정하는 비극은 언젠가는 실현될 것이다. 이지가 고개를 획획 저으며 단호히 말했다.

"참아요, 언니! 왕과 사랑에 빠지면 절대 안 돼요!"

"쉬잇!"

앤이 갑자기 이지의 입을 틀어막았다. 하지만 너무 늦었다. 방 안쪽에서 왕의 목소리가 들려왔다.

"밖에 있는 두 사람, 이리로 들어오도록!"

"으아아……, 이제 큰일 났다."

사색이 된 이지와 앤이 쭈뼛거리며 방안으로 들어갔다. 국왕은 어느새 춤을 멈추고 메리와 나란히 서서 두 사람을 쏘아보고 있었다.

"늦은 시간에 자지 않고 왜 짐의 방 앞을 서성인 거요?"

"그게, 저어……."

"언니, 나와 전하를 엿보고 있었던 거야?"

"엿보긴 누가 엿봤다고 그래요?"

앤에게 쏘아붙이는 메리를 향해 이지가 소리쳤다.

"시녀 주제에 무엄하다!"

"아아…… 그만!"

왕이 재빨리 팔을 들어 메리를 막았다. 그리고 앤을 향해 흐릿하게 웃었다.

"나는 내일 메리를 데리고 런던타워로 돌아갈 거요. 앤, 그대도 함께 가겠소?"

"저, 저도 왕궁으로 초대해 주시는 건가요?"

"메리의 말동무가 되어 줄 사람이 필요하니까."

이지가 앤의 옆구리를 찌르며 가지 말라고 속삭였다. 하지만 앤은 깨끗이 무시해 버렸다.

"영광이옵니다, 전하. 기꺼이 초대에 응하겠나이다."

"후우우."

불길한 생각에 이지는 깊은 한숨을 내쉬었다.

"우와아~ 완전 대박이다!"

런던 템스 강 북쪽 변에 위치한 왕궁 런던타워 성문 앞에 도착한 이지는 입을 쩍 벌리고 말았다. 깊은 해자에 둘러싸인 왕궁의 규모는 실로 엄청났다. 누구의 침입도 허용하지 않을 듯한 견고한 성곽 너머에 수많은 탑들이 한낮의 파란 하늘을 향해 우뚝 솟아 있었다. 이지와 앤, 메리 자매 그리고 헨리 왕은 아침 일찍 런던 교외에 있는 블린 가를 출발해 지금 막 런던타워에 도착한 것이다.

끼기기…… 쿠웅!

천천히 내려오던 기다란 성문이 해자 건너편에 서 있는 헨리 왕 바로 앞에 내려졌다. 성문이 그대로 해자를 건너는 다리 역할을 하는 것이다. 앞장서는 헨리 왕을 따라 이지, 앤, 메리가 말을 타고 성안으로 들어갔다. 성문을 지키던 기사들과 병사들이 주먹을 가슴에 붙이며 왕에게 머리를 조아렸다.

성문을 통과하자 축구장보다 널찍한 광장이 나타났다. 광장을 가로지르자 마치 거인처럼 열을 지어 서 있는 거대한 탑들이 다가들었다.

"이쪽이 에드워드 5세와 동생이 삼촌에 의해 감금당했다가 처형당한 블러디 타워Bloody Tower, 이쪽은 왕실의 반역자들을 감금하는 타워 그린Tower Green이다. 저쪽은 왕가의 진귀한 보물을 전시해 놓은 쥬얼리 하우스Jewel House고. 앞으로 생활하는 데 불편함이 없도록 잘 외워 두도록."

헨리 왕의 친절한 설명을 들으며 앤과 메리는 연신 고개를 끄덕였다. 이지가 정면으로 보이는 가장 크고 높은 탑을 가리키며 물었다.

"저 탑의 이름은 뭐예요?"

"정복왕 윌리엄이 런던타워를 만들면서 가장 먼저 세운 화이트 타워White Tower다. 짐과 왕비의 숙소가 있고, 또한 신하들과 정책을 논의하는 대전과 집무실도 있지."

"아하, 눈처럼 희게 칠해서 화이트 타워라고 부르는 모양이구나?"

고개를 끄덕이던 이지가 멈칫했다. 화이트 타워 밖으로 걸어 나오는 젊고 아름다운 여인을 발견했기 때문이다. 눈이 부실 정도로 아름다운 드레스에 화려한 베일을 쓴 여인의 뒤를 꽃처럼 예쁜 귀족 처녀들과 부인들 십여 명이 공손히 따르고 있었다. 여인을 발견한 앤과 메리의 표정이 순식간에 굳어졌다.

"저 여자는 누구예요?"

"쉿!"

이지가 나직이 물었지만 앤은 손가락을 입술에 댄 채 고개를 저었다. 이지도 덩달아 긴장하며 자신들을 향해 똑바로 걸어오는 여인을 보았다. 입가에 여유 있는 미소를 머금은 여인이 마침내 헨리 왕 앞에 멈춰 섰다.

서둘러 머리를 조아리는 앤과 메리 사이에 서서 이지는 여인의 얼굴을 빤히 바라보았다. 앤이나 메리에 비해 여인은 절대 미인이라고 할 수 없었다. 하지만 감히 함부로 대할 수 없는 기품이 흘러서 보는 사람으로 하여금 절로 존경심을 갖도록 만들었다. 그렇다면 이 여인이 혹시 그……?

왕이 오른손을 슬쩍 들며 이지의 궁금증을 풀어주었다.
"여어~ 오랜만이구려, 캐서린?"
 이지의 예상대로 여인은 헨리 8세를 사이에 두고 앤 블린과 처절한 암투를 벌였던 캐서린 왕비가 분명했다. 캐서린이 깊고 차분한 눈으로 남편인 헨리와 앤, 메리 그리고 이지의 얼굴까지 찬찬히 살폈다. 이 여자 포스가 장난이 아닌데? 단지 시선을 마주쳤을 뿐인데 이지는 캐서린이 내뿜는 카리스마에 압도당해 버렸다. 평소 사납기 그지없는 메리조차 캐서린 앞에서는 고양이 앞의 쥐처럼 시선을 피하기에 급급했다.

캐서린이 다정하게 웃으며 물었다.

"이 아가씨들은 누구인가요, 전하?"

"당신도 나의 충직한 신하인 토마스 블린 경의 이름을 들어 봤을 거

요. 이쪽은 블린 경의 첫째 딸인 앤 블린이고, 이쪽은 둘째 딸인 메리 블린이오. 그리고 이쪽은…….”

고개를 갸웃하며 이지를 보던 헨리가 손을 휘휘 저었다.

“앤의 시녀인 이…… 뭐라고 하는 아이오.”

어이, 이름 정도는 외워 주는 게 예의잖아. 불만스런 표정을 지으며 이지는 왕비의 안색을 살폈다. 시선을 앤에게 고정시킨 캐서린이 나직이 말했다.

“제가 궁금한 것은 이들 중 누가 전하의 총애를 받고 있느냐 하는 것입니다.”

너무도 직접적인 질문에 앤과 메리의 안색이 하얗게 질려 버렸다. 헨리가 푸훗 웃음을 터뜨렸다. 헨리의 웃음은 곧 박장대소로 바뀌었다.

“핫하하! 나는 캐서린의 이런 솔직한 면이 좋다니까! 하지만 이번만은 당신의 예측이 틀렸어!”

헨리는 캐서린이 주시하는 앤이 아니라 메리를 가리켰다.

“나의 마음을 사로잡은 이는 언니가 아니라 동생 쪽이거든. 메리 블린, 그녀는 이 순간부터 짐의 공식적인 애인으로 살아가게 될 것이오.”

왕 아저씨, 제정신이 아니군요? 캐서린의 눈치를 살피며 이지는 손발이 오그라드는 느낌이었다. 세상에 어떤 여자가 남편의 애인을 용납하겠는가. 만약 아빠가 이런 말을 했다면 엄마는 십 초 안에 아빠의 얼굴을 바둑판처럼 할퀴어 놓았을 것이다. 그러나 메리의 얼굴을 뚫어져라 응시하던 캐서린은 이렇게 대답해서 이지를 기절초풍하게 만들었다.

"호오, 메리 블린 양이란 말씀이죠? 런던타워에 입성한 걸 축하해요, 메리 양. 앞으로 우리 사이좋게 지내 봐요."

자신에게 손을 내미는 캐서린을 메리도 황당한 듯이 보았다. 앤이 옆구리를 쿡 찌르자 퍼뜩 정신을 차린 메리가 왕비의 손을 잡고 손등에 입술을 댔다.

"환영해 주셔서 감사합니다, 왕비님. 메리는 왕비님의 충실한 신하가 될 것을 맹세합니다."

"그거 고마운 말이군요. 자, 화이트 타워를 구경시켜 줄 테니까 따라와요."

캐서린의 안내를 받으며 이지, 앤, 메리가 그 자체로 하나의 성처럼 거대한 화이트 타워의 계단을 올라가기 시작했다.

"와아~ 우와아~."

넓고 화려한 수십 개의 방과 응접실과 연회장을 둘러보며 이지는 벌린 입을 다물지 못했다. 캐서린은 이지를 돌아보며 빙긋 웃었다.

그렇게 런던타워에서의 생활이 시작되었다.

시간은 화살처럼 흘렀다. 그해 여름에는 비가 너무 많이 내려서 런던 시가지가 온통 물에 잠겼다. 수많은 사람들이 집과 가족을 잃었다. 다른 해보다 유난히 일찍 시작된 가을 오후에 이지와 앤은 단풍이 형형색색으로 물든 정원을 산책하곤 했다.

헨리와 메리의 관계는 점점 더 깊어졌다. 메리는 헨리의 아이까지 임신하고 있었다. 왕의 배려로 메리의 아버지인 블린 경은 관리로 발탁되어 런던타워로 들어왔다. 이처럼 메리와 블린 가가 조금씩 세력을 넓히고 있었지만 캐서린 왕비는 견제조차 하지 않았다. 그저 복도에서 앤이나 메리와 마주치면 흐릿한 미소를 지은 채 고개를 까닥일 뿐이었다. 입으론 웃지만 눈은 북극해처럼 차갑게 가라앉은 캐서린이 이지는 무섭기만 했다.

한 가지 이상한 점은 캐서린의 눈은 메리보다 앤을 볼 때 더 차가워진다는 사실이었다. 다른 사람은 몰라도 이지는 그것을 똑똑히 느끼고 있었다.

'남편을 뺏은 사람은 메리인데 왜 앤한테 적대감을 보이는 걸까? 참 이상하단 말씀이야.'

캐서린에게 직접 물어볼 수도 없는지라 의문은 묻어두는 수밖에 없었다.

혹한의 겨울이 지나고 다시 봄이 찾아올 무렵, 메리는 아들을 순산했다.

헨리 8세는 변덕쟁이

 "응애~ 응애~."

 한밤중에 화이트 타워에 갓난아이의 울음소리가 우렁차게 울려 퍼졌다. 시녀들이 건넨 강보에 싸인 사내아이의 얼굴을 들여다보며 이지와 앤은 환하게 웃었다. 앤이 방금 출산을 끝내고 땀투성이가 되어 침대에 누워 있는 동생 메리를 친근하게 쳐다보았다.

 "축하해, 메리. 네가 드디어 사내아이를 낳았어."

 "고마워, 언니."

 메리의 눈에 물기가 맺혔다. 그렇게 서로의 얼굴을 마주보고 눈물을 글썽이는 앤과 메리를 보며 이지는 아무리 티격태격해도 역시 자매는 자매라고 생각했다.

"나의 메리가 아들을 낳아 주었다고?"

힘찬 목소리에 이지와 앤이 동시에 고개를 돌렸다. 서둘러 고개를 조아리는 시녀들을 스쳐 씩씩하게 걸어오는 헨리가 보였다. 흐음, 잘생기긴 잘생겼단 말씀이야. 근육질의 몸에 달라붙은 셔츠와 헐렁한 바지를 입은 헨리는 어느 때보다 근사해 보였다. 하긴 주노 선배도 금딱지 중의 금딱지였지. 헨리와 꼭 빼닮은 주노의 모습을 떠올린 이지는 쓰게 웃었다. 이젠 주노가 살고 있는 시대로 돌아갈 수 있을지 장담조차 할 수 없었다.

앤에게서 강보를 받아든 헨리는 애정 가득한 눈으로 아이의 얼굴을 보았다. 헨리가 메리에게 물었다.

"아이의 이름은 무엇으로 정하면 좋겠소?"

"그, 글쎄요……."

아직 기운을 회복하지 못한 메리가 선뜻 대답하지 못하자 헨리가 앤을 쳐다보았다.

"그럼 이모가 한 번 정해 보지."

"알겠습니다, 전하."

진지하게 고민하던 앤이 눈을 반짝이며 답했다.

"케리라고 하면 어떨까요, 전하?"

"……!"

그 이름을 듣는 순간, 메리는 놀라 눈을 부릅떴다. 두려움에 질린 눈으로 메리가 앤의 얼굴을 보았다. 하지만 싱글벙글 웃는 앤의 얼굴에선 동생을 해치려는 어떤 의도도 읽히지 않았다. 그래, 아닐 거야. 언니는 그 사람의 존재조차 알지 못하는걸. 스스로를 달래며 메리는 서서히 평온을 되찾았다.

"흐음. 케리라, 케리……."

고민하던 헨리가 활짝 웃으며 고개를 끄덕였다.

"그거 괜찮군. 아이의 이름은 케리 튜더로 정하지."

"하, 하지만……."

"왜, 메리는 싫은가?"

불안한 눈으로 헨리와 앤의 얼굴을 번갈아 보던 메리가 고개를 흔들었다.

"아니에요. 저도 마음에 듭니다."

"좋아, 그럼 됐어. 대영제국의 왕자 케리 튜더여, 너는 아비를 이어 영국의 국왕이 될 것이다!"

메리의 표정이 환해졌다.

"구, 국왕이라고요, 전하?"

메리의 방에서 아들 케리와 한동안 머물렀던 헨리는 자신의 침실로 가기 전에 캐서린 왕비의 방에 들렀다. 캐서린은 자지 않고 깨어 있었다. 찻잔이 놓인 테이블을 가운데 두고 헨리와 캐서린은 마주앉았다.

차를 한 모금 홀짝이며 헨리는 캐서린의 눈치를 살폈다. 언제나 독불장군처럼 행동하는 헨리로서는 누군가의 눈치를 본다는 것 자체가 매우 드문 일이었다. 그 이유를 너무도 잘 알고 있는 캐서린이 희미하게 웃으며 고개를 까닥였다.

"축하드립니다, 전하. 오늘 밤 주님의 가호로 그토록 원하던 아들을 얻으셨군요."

"하하……, 왕비도 알고 있었군. 어쨌든 축하해 줘서 고마워. 역시 캐서린은 마음이 바다처럼 넓다니까."

캐시린의 안색이 살짝 굳어졌다.

"전하께서 태어난 왕자에게 왕좌를 물려주겠노라 약속하셨다는 말도 들었습니다만."

"그, 그건 그냥 고생한 메리를 위로해 주려고 한 말이야. 크게 신경 쓸 필요는 없어."

"……"

헨리의 얼굴을 지그시 응시하던 캐서린이 차분히 미소 지으며 대답했다.

"예, 당연히 그러시겠지요. 부디 저희 사이에서 태어난 메리 공주도 잊지 말아 주셨으면 합니다, 전하."

"당연히 그래야지."

선선히 고개를 끄덕이는 헨리를 보며 캐서린은 웃었다. 그러나 마음속에선 불안이 먹물처럼 번지는 중이었다. 왕이 너무 순순히 대답한 것이 오히려 그녀를 불안하게 만들고 있었다.

헨리가 돌아간 후에도 캐서린은 잠들지 못하고 생각에 잠겨 앉아 있었다. 테이블 위에는 헨리가 마시다 만 찻잔이 놓여 있었다. 헨리의 입술이 닿았던 부분을 손가락으로 쓸며 그녀는 슬픔을 억눌렀다.

"더 이상은 나를 실망시키지 말아줘요, 헨리. 내가 당신을 미워하지 않기 위해 얼마나 노력하고 있는지 아마 모를 거예요."

"그 잘난 남자는 미움을 받아도 크게 신경 쓰지 않는답니다."

갑작스런 목소리에 캐서린은 흠칫 고개를 들었다. 그녀 앞에는 후드를 푹 눌러써서 얼굴을 가린 여자가 서 있었다. 그 수상한 모양새에 캐서린이 눈을 치켜떴다.

"감히 왕비 앞에서 얼굴을 가리느냐?"

"죄송합니다, 마마. 사정상 얼굴을 보일 수 없음을 용서해 주십시오. 대신 왕비께서 만족하실 만한 정보를 제공해드릴 것을 약속합니다."

후드에 가려진 얼굴을 가만히 응시하던 캐서린이 피식 웃었다.

"네가 누구인지 알 것 같구나."

"……!"

"또한 네가 누구에 대한 정보를 제공할지도 알겠다. 너는 오늘 밤에 태어난 이 나라에서 가장 존귀한 사내아이와 그 어미에 대해 말하려는 것이 아니냐?"

여자는 대답하지 않았다. 하지만 소맷자락이 가늘게 떨리는 것으로 보아 적잖이 당황하고 있음이 분명했다. 캐서린이 웃음기를 싹 거두며 물었다.

"그래, 네가 하고 싶은 말이 무엇이냐?"

"……"

잠시 망설이던 여자의 입이 천천히 열렸다.

"오늘 밤에 왕자를 낳은 어미에겐 궁에 들어오기 전부터 깊은 관계를 맺어온 애인이 있었습니다. 그의 이름은 윌리엄 캐리. 블린 가의 영지를 샅샅이 뒤진다면 어렵지 않게 찾아낼 수 있을 것입니다."

캐서린의 얼굴에 충격이 스치고 지나갔다. 하지만 아주 짧은 순간이었다. 왕비는 재빨리 평온을 되찾았다.

"여인이 낳은 사내아이와 옛 애인의 이름이 비슷하다니, 그것 참 놀라운 우연이구나. 이 사실을 전하께 알린다면 분명 재미있는 일이 벌어질 것이다. 하지만 나는 고하지 않을 생각이다."

"어, 어째서요?"

뜻밖의 대답에 여자는 당황하는 눈치였다.

"내 눈에는 그 사내아이의 어미보다 네가 훨씬 위험해 보이기 때문이다. 그 어미는 그저 왕의 아이를 낳은 애인으로 남을 테지만 만약 네가 그녀의 자리를 차지한다면 나의 모든 것을 앗아갈 테니까 말이다."

"……!"

"처음 보는 순간부터 알아 보았단다. 헨리가 정말 좋아하는 스타일은 바로 너라는 사실을. 그러니 그 가여운 여자를 파멸시키고 싶거든 나를 이용하지 말고 네 손에 직접 피를 묻히도록 해라."

어금니를 깨물고 가늘게 떨던 여자가 캐서린을 향해 천천히 고개를 숙였다. 그리고 찬바람을 일으키며 왕비의 침실을 빠져나갔다. 캐서린은 여자가 사라진 입구를 보며 우울하게 중얼거렸다.

"저 아이로 인해 런던타워에 한바탕 피바람이 불겠구나……!"

"그, 그게 정말이야?"

이지가 놀라서 물었다. 봄기운이 완연한 화이트 타워 뒤쪽 호수 변을 산책하다가 왕비의 시녀 마가렛으로부터 놀라운 소식을 전해 들었던 것이다. 주위를 두리번거리며 마가렛이 목소리를 낮추었다.

"응, 틀림없는 사실이야. 궁 안에 소문이 파다하다고."

"분명히 왕비님 쪽에서 흘러나온 얘기일 거야. 얼마 전에 아이를 낳은 사람을 음해하다니, 너무 비겁하지 않니?"

"어쨌든 소문이 국왕전하의 귀에 들어가면 큰 사달이 벌어질 거야."

"그러기 전에 앤과 메리에게 이 사실을 알려야겠어. 고마워, 마가렛!"

시녀에게 손을 흔들며 이지는 화이트 타워 안에 있는 메리의 숙소를 향해 달음박질을 쳤다. 방문을 박차고 뛰어든 이지가 메리와 케리를 돌보고 있는 앤을 향해 소리쳤다.

"큰일 났어, 앤 언니!"

"쉬잇! 너 때문에 케리가 깨겠어."

"케리가 깨는 게 문제가 아니라고! 잘못하면 메리 언니와 케리 모두 궁에서 쫓겨나게 될지도 몰라!"

"그게 무슨 소리니?"

잠든 케리를 안고 침대에 누워 있던 메리가 놀라 일어나 앉았다. 이지가 메리를 향해 빠르게 말을 이었다.

"궁 안에 소문이 파다하게 퍼졌대. 메리 언니가 왕과 만나기 전에 윌리엄 캐리라는 귀족 청년과 깊은 관계였었다고 말이지."

"누, 누가 그런……?"

메리의 안색이 겨울 들판처럼 창백해졌다.

"누가 소문을 퍼뜨렸는지는 중요하지 않아. 문제는 이름이 비슷하다는 이유로 케리 왕자가 그 윌리엄 캐리라는 남자의 아이일지도 모른다는 소문이 빠르게 퍼지고 있다는 거지."

"말도 안 돼!"

메리가 버럭 소리를 질렀다. 앤이 재빨리 케리를 안았다.

"진정하렴, 메리. 케리가 놀라겠다."

"언니, 솔직히 말해 봐."

메리가 째려보자 앤은 당황했다.

"왜, 왜 그러니?"

"케리라는 이름 말이야. 혹시 윌리엄 캐리를 염두에 두고 지은 거 아니야?"

"……."

억울한 앤은 메리의 얼굴을 멍하니 쳐다보았다. 앤을 대신해서 이지가 말했다.

"아무리 속상해도 그런 말은 하는 게 아니야. 앤 언니가 메리 언니와 케리를 돌보기 위해 얼마나 고생했는지 잊었어?"

"이지의 말이 맞아. 나는 윌리엄이란 남자가 누구인지도 몰랐어."
초조해진 메리는 입술을 잘근잘근 깨물었다.
"하지만 너무 이상하잖아. 언니가 케리란 이름을 지었고, 그 이름이 결국 윌리엄 캐리를 떠올려서 나와 아기를 위험에 빠뜨렸어. 이게 다 우연이란 걸 이지 너라면 믿을 수 있겠니?"
"으음……."
선뜻 답하지 못하고 신음을 흘리던 이지는 이내 확신에 차서 고개를 끄덕였다.
"내가 아는 앤 언니는 그럴 사람이 아니야. 메리 언니는 더 오랫동안 지켜봤으니 나보다도 잘 알겠지. 앤 언니가 동생과 조카를 일부러 위험에 빠뜨릴 사람이야?"
"……."
앤의 얼굴을 뚫어져라 바라보던 메리가 고개를 저었다.
"아니, 절대로 그렇지는 않지."
"헤헤……, 그것 보라고."
이지가 메리를 보며 친근하게 웃었다. 케리를 낳은 이후 메리는 변하고 있었다. 세상의 모든 엄마가 그렇듯이 온화해진 덕에 늘 티격태격하던 사이였지만 요즘 들어 앤 못지않게 메리도 좋아진 이지였다.
앤이 초조한 표정으로 말했다.
"메리가 나를 믿어준다고 해서 문제가 해결되지는 않아. 이 소문이 전하의 귀에 들어가는 것은 시간문제야. 전하께서 찾기 전에 어떻게

든 우리가 먼저 윌리엄이란 청년을 찾아내서 런던을 떠나라고 경고해 줘야 해. 그게 그도 살고, 메리도 사는 길이야."

"그런데 누가 가지? 나는 갈 수가 없고 언니도 런던타워를 갑자기 떠나면 전하께서 이상하게 생각하실 텐데."

"그러게."

앤과 메리의 시선이 동시에 이지에게 쏠렸다. 이지가 손가락으로 제 얼굴을 가리켰다.

"나, 나……?"

앤이 이지의 손을 힘주어 잡았다.

"이지야, 부탁할게. 네 어깨 위에 우리 자매와 케리의 운명이 걸려 있단다."

잠시 고민하던 이지가 힘차게 고개를 끄덕였다.

"알았어. 나한테 맡겨 둬."

우투두두!

그날 밤, 말 한 필이 런던타워의 북쪽 성문을 쏜살같이 빠져나갔다.

"이럇~ 이럇~!"

박차를 가하며 컴컴한 들판을 질주하는 사람은 이지였다. 이지는 말의 진동 때문에 엉덩이가 빠개질 듯이 아팠지만 이를 악물고 속도를 높였다.

"달려라! 달려! 네 다리에 메리와 케리의 운명이 걸려 있단 말이다!"

새벽이 뿌옇게 밝아올 때까지 이지는 결코 멈추지 않았다. 너무 지쳐 거품을 문 말이 블린 가의 앞마당에 들어선 것은 아침 무렵이었다. 이지는 블린 가 사람들의 도움을 받아 윌리엄 캐리란 청년을 찾을 생각이었다.

"헉헉……, 수고했어."

땀에 젖은 말의 목을 부드럽게 쓰다듬으며 저택을 향해 걸음을 옮기던 이지가 눈을 부릅떴다.

"여어, 오랜만이군? 이른 아침부터 블린 가에는 무슨 볼일이냐?"

"다, 당신이 어떻게……?"

"감히 짐을 당신이라고 부르다니, 반역죄로 처형당하고 싶으냐?"

근위병들에게 둘러싸여 성질을 부리는 사람은 헨리 8세였다. 멍하니 헨리를 보고 있던 이지가 재빨리 말에서 내려 머리를 조아렸다.

"대영제국의 태양이신 국왕전하를 뵈옵니다."

"호오, 이제야 네가 예의를 갖추는구나. 자, 그럼 밤새 말을 달려 블린 가에 도착한 이유를 설명해 보실까?"

비웃듯이 묻는 헨리의 얼굴을 이지는 불안하게 쳐다보았다. 잠시 헨리와 눈을 마주치고 있던 이지가 간신히 변명했다.

"그, 그게 메리 아가씨의 심부름으로……."

"무슨 심부름?"

"아가씨께서 자신이 아기였을 때 사용하던 침대를 가져다 달라고 하셨어요. 케리를 위해서 아기 침대가 필요하다면서요."

"너는 나를 바보로 아는구나?"

헨리의 얼굴에서 웃음기가 싹 가셨다.

"런던타워에 아기 침대가 없어서 이 먼 곳까지 말을 달려 왔더냐? 너는 그게 말이 된다고 생각하느냐, 엉?"

헨리가 겁에 질린 이지를 손가락으로 가리켰다.

"너는 아기 침대가 아니라 망할 윌리엄 캐리란 놈을 찾으러 온 것이다. 내가 놈을 찾아내기 전에 도버 해협을 건너 프랑스로 도망치라고 알려 주기 위해서! 어때, 내 말이 틀렸나?"

"저, 전하……."

더 이상 변명의 여지가 없는 이지는 그만 절망적으로 중얼거렸다. 헨리가 오른손을 번쩍 들어 이지의 입을 막았다. 그리고 북풍보다 싸늘한 목소리로 말했다.

"마지막으로 기회를 주겠노라, 윤이지. 방금 내가 폭로한 말들이 모두 사실임을 인정하라. 그럼 목숨만은 살려줄 것이나, 계속 거짓말을 한다면 끔찍한 고문을 당한 후에 처형당할 것이다."

닮긴 정말 닮았다니까. 씩씩대는 헨리를 보며 이지는 태평하게도 주노를 떠올리고 있었다. 주노도 툭하면 자신을 저렇게 몰아붙이지 않았던가. 마른 먼지 같은 미소를 지으며 이지는 고개를 숙였다.

"어쩔 테냐? 빨리 결정해라!"

이지가 천천히 고개를 들었다.

"저는 케리 왕자의 아기 침대를 가지러 왔을 뿐입니다, 전하."

분을 이기지 못하고 부들부들 떨던 헨리가 버럭 고함쳤다.

"저 계집을 지하 감옥으로 끌고 가라!"

"예, 전하!"

중세 영국의 귀족 저택에는 사설 감옥이 있다는 사실을 이지는 이때 처음 알았다. 학교에서는 이런 중요한 역사적 사실도 안 가르쳐 주고 뭐하는 거야? 이래서야 산교육이란 게 가능하겠냐고요?

급박한 상황과는 어울리지 않는 푸념을 마음속으로 늘어놓으며 이지는 어둑한 감옥 한복판에 서 있었다. 천장에서 내려온 쇠사슬에 양손이 꽁꽁 묶인 채였다.

앞에 놓인 큼직한 화로에서 숯불이 빨갛게 타오르고 있었다. 숯덩이 사이에 더욱 빨갛게 달아오른 인두, 쇠꼬챙이, 톱 등의 고문 기구들이 꽂혀 있는 게 보였다. 단지 보고만 있는 것으로도 식은땀이 흘렀다.

이지는 눈을 들어 화로 너머 의자에 비스듬히 앉아 있는 헨리와 배후에 부동자세로 서 있는 근위병 다섯을 쳐다보았다. 헨리의 얼굴에서도, 근위병들의 얼굴에서도 웃음기라곤 찾아볼 수가 없었다. 감정이 담기지 않은 눈으로 이지를 응시하던 헨리가 나직이 입을 열었다.

"이제는 네가 어떤 처지에 놓여 있는지 알아차렸겠지? 마지막으로 기회를 주마. 왕과 신 앞에서 진실을 밝히는 게 어떠냐?"

"대체 무슨 진실을 말하는 건가요?"

"메리 블린이 짐을 배신했다는 진실!"

콰앙!

헨리가 주먹으로 의자 팔걸이를 내리치며 고함쳤다. 왕의 분노가 이글이글 타오르는 화로보다 뜨겁게 느껴져 이지는 진저리를 쳤다. 차라리 사실대로 고백해 버릴까? 내가 이 머나먼 중세까지 와서 고문을 당해야 하나? 짧은 순간 갈등이 스치고 지나갔다. 하지만 이지는 어금니를 사리물었다. 평범한 여중생이었지만 의리 하나만큼은 누구에게도 뒤지지 않는다고 자신해 오지 않았던가.

"제가 말할 수 있는 진실은 메리가 거짓말을 하지 않았다는 겁니다. 그러니 절 때리든, 고문하든 마음대로 하세요."

"너 정말……!"

이를 갈아붙이며 이지를 쏘아보던 헨리가 자리를 박차고 일어섰다. 그리고 화로 속에서 빨갛게 달아오른 인두를 꺼냈다. 빨갛다 못해 끝부분이 파랗게 빛나는 인두로 이지의 얼굴을 겨누며 헨리가 으스스하게 말했다.

"지금부터 널 어떻게 고문할지 얘기해 줄 테니, 귀를 열고 잘 들어라."

"으으……."

입술을 비집고 새어나오려는 신음을 억누르기 위해 이지는 어금니를 깨물었다. 목구멍에서 피 냄새 같은 게 풍겼다. 겁에 질려 와들와들 떠는 이지에게 얼굴을 바싹 접근시킨 채 헨리가 음산하게 중얼거렸다.

"제일 먼저, 나는 이 인두로 너의 하얀 피부를 지질 거야. 부드러운 피부가 타들어가면서 매캐한 연기가 피어오르겠지."

헨리가 이번에는 뾰족한 쇠꼬챙이를 집었다. 빨개진 꼬챙이 끝을 이지의 눈가로 접근시키는 헨리의 눈빛이 무서웠다.

"그 다음에는 이 꼬챙이로 너의 몸을 꿰뚫을 거야. 살을 찢고 들어간 꼬챙이가 뼈에 닿는 소리를 들으면 아마 너는 기절하고 싶은 욕망에 시달릴걸?"

이지는 정말 뼈에 닿는 쇳소리가 들리는 것만 같아 소름이 돋았다. 아직 고문이 시작되지도 않았는데 이지는 땀투성이가 되어 헐떡였다. 헨리가 마지막으로 달군 톱을 들어올렸다.

"이 톱은 무슨 용도일까, 응? 이 톱으로 말할 것 같으면……."

"그만! 제발 그만!"

공포심을 이기지 못한 이지가 발작적으로 소리쳤다. 헨리가 그런 이지의 턱을 움켜잡으며 눈을 번뜩였다.

"아직 늦지 않았어. 지금이라도 네가 진실을 말한다면 그런 끔찍한 고통을 겪지 않아도 된다. 이런 고통을 견디기엔 너는 아직 너무 어리고 연약하잖니?"

"그게 사실은……."

"그래, 어서 털어놓으렴."

이지는 하마터면 비밀을 털어놓을 뻔했다. 그만큼 헨리의 위협은 효과적이었다. 이지는 가룟 유다를 비롯해 지금껏 말로가 썩 좋지 않았던 배신자들을 차례로 떠올리며 가까스로 마음을 다잡았다. 운명이 내게 고난의 십자가를 강요한다면 기꺼이 짊어져 주리라. 야아~ 이

대사 제법 멋진데? 상황도 잊고서 흐릿하게 웃는 이지를 보며 헨리의 표정이 확 일그러졌다.

"끝까지 버텨보시겠다?"

"미, 미안해요."

"미안할 거 없어! 이제 곧 입을 열게 될 테니까!"

"꺄아악!"

헨리가 톱을 쳐드는 순간 이지는 비명을 질렀다.

"말해! 말해! 사실을 말하란 말이다!"

헨리가 톱을 붕붕 휘두르며 위협했지만 이지는 끝내 입을 열지 않았다. 죽음의 공포에 떨면서도 이지는 끝끝내 참아냈다.

"후욱 후욱……."

이지보다 헨리가 먼저 숨을 헐떡였다. 약이 바짝 올라 이지를 째려보던 헨리가 화로에 톱을 던져 넣으며 퉁명스럽게 말했다.

"살다 살다 너처럼 겁 없는 아이는 처음이다. 무슨 애가 고문을 하겠다는데도 고집을 부리냐, 응? 무섭지도 않았던 거야?"

눈물이 그렁그렁 맺힌 이지가 떨리는 목소리로 답했다.

"아니요. 실은 죽을 만큼 무서웠어요."

"그런데 왜 자백하지 않았지? 솔직히 너는 블린 가와 아무 상관없는 몸이잖아."

"메리나 앤이 아니라 나 자신을 지키려고 그랬어요."

"그건 또 무슨 말이지?"

"힘에 굴복해서 소중한 것을 저버리면 어떻게 되겠어요? 결국에는 아무것도 지키지 못하고 껍데기만 남은 사람이 돼 버릴 거라고요. 적어도 그런 사람만은 되지 말자고 생각했기 때문에 끝끝내 버텼던 거예요."

"……"

충격 어린 눈으로 이지의 얼굴을 들여다보던 헨리가 푸훗 실소를 흘렸다.

"너 꽤 흥미로운 아이구나. 이제부터 너를 다시 봐야겠다."

헨리가 이내 표정을 굳혔다.

"뭐, 사실 네가 자백하든 자백하지 않든 크게 상관은 없어."

"그게 무슨……?"

"윌리엄 캐리라는 놈이 약삭빠르게 줄행랑을 쳐 버렸지만 이미 블린 가의 영지와 인근 마을에서 숱한 증인을 확보했거든. 그리고 마침내 한 가지 결론에 도달했지."

"결론이라면 대체 어떤……?"

"메리 블린과 그녀의 아들 캐리는 이제 왕의 애인과 왕자라는 신분을 잃게 될 것이다! 또한 웨일즈 지방으로 추방되어 영원히 런던으로 돌아올 수 없다!"

며칠 후, 봄비가 부슬부슬 내리는 아침에 초라한 마차 한 대가 왕궁의 북쪽 성문 앞에 서 있었다. 마차 앞에는 아직 몸도 추스르지 못한 메리가 강보에 싸인 아기를 안고 서 있었다. 이지와 앤이 슬픈 얼굴로 메리와 케리를 배웅하는 중이었다.

앤이 기어이 참았던 눈물을 쏟았다.

"미안해, 메리. 내가 아이의 이름을 케리라고 짓지만 않았어도……."

"언니가 자책하지 않았으면 좋겠어. 이 모든 비극이 신의 장난이었음을 나는 이제야 알 것 같아."

"메리……."

차마 말을 잇지 못하고 눈물만 뚝뚝 흘리는 언니를 안타깝게 쳐다보던 메리의 시선이 이지에게로 옮겨졌다.

"이지야."

"으응……, 언니."

"그동안 나와 케리를 돌봐 줘서 고마웠어."

"아니야. 난 별로 한 일도 없는걸."

"염치가 없지만 딱 한 가지만 더 부탁할게."

"뭐든지 말만 해."

안타까움과 애정이 가득 담긴 메리의 시선이 다시 앤에게로 향했다.

"나를 돌봐 줬듯이 언니를 돌봐 주겠니? 특히, 언니가 전하의 눈에 띄지 않도록 보호해 줘. 내 말이 무슨 뜻인지 알겠지?"

"으응! 걱정하지 마, 메리 언니."

"그럼 모두들 안녕. 그동안 정말 고마웠어."

메리는 눈물을 뿌리며 마차에 올랐다. 세 여자의 눈물 같은 봄비를 뚫고 마차가 천천히 출발했다. 이지와 앤이 마차를 따라 달리며 손을 흔들었다.

"잘 가, 메리 언니!"

"여름이 오기 전에 만나러 갈게!"

우투두두!

마침내 성문을 빠져나간 마차가 끝없이 펼쳐진 들판을 질주하기 시작했다. 비와 눈물에 가려 마차는 곧 이지와 앤의 시야에서 사라졌다. 두 사람은 한참동안 그 자리에 서서 사랑하는 자매이자 친구가 떠나간 방향을 하염없이 바라보고 있었다.

앤 불린의 무서운 진실

그날 오후 내내 이지와 앤은 방안에 처박혀 있었다. 이지는 자꾸 메리와 케리가 사용하던 침대를 보며 눈물을 훔쳤다. 그때 왕의 시종이 방문을 노크했다. 그리고 왕이 이지를 저녁 식사에 초대했다는 소식을 전했다.

메리를 매몰차게 쫓아낸 주제에 뻔뻔스럽게도 초대는 무슨! 머리끝까지 화가 치민 이지는 단숨에 거절하려고 했다. 하지만 그랬다간 변덕이 죽 끓듯 하는 왕에게 또 무슨 봉변을 당할지 몰라 간신히 화를 누르며 말했다.

"초대에 응하겠어요. 대신 앤 언니와 동행해도 되죠?"

"안 됩니다. 전하께서는 윤이지 아가씨 한 분만 초대하셨습니다."

뜻밖의 대답에 이지는 당황스런 눈으로 앤을 보았다. 앤이 억지로 미소를 지으며 고개를 끄덕였다.

"난 신경 쓰지 말고 다녀오렴. 전하께서 이지를 예쁘게 보신 모양이야."

기분이 좋지 않은 이지는 이마에 깊은 주름을 세 겹씩이나 만들었다.

한 백 명쯤 한꺼번에 밥을 먹어도 충분할 만큼 넓은 식당에는 기다란 식탁이 있었다. 식탁 위에는 이지가 생전 보지도 못한 호화찬란한 성찬이 있었다. 상석에 앉아 최고급 와인을 홀짝이는 헨리의 뒤쪽에는 실내악단이 기분 좋은 음악까지 연주 중이었다.

"왔으면 앉지 않고 왜 멍청히 서 있어?"

뜻밖의 광경에 넋을 놓고 있는 이지를 향해 헨리가 퉁명스럽게 말했다. 이지는 그의 맞은편 자리에 앉았다.

"널 위해 차린 거니까 맛있게 먹어라."

"고맙습니다, 전하."

시종이 다가와 이지의 빈 잔에 정중하게 와인을 따라주었다. 헨리가 자신의 잔을 들었다.

"우리 건배하지."

"저기…… 실은 제가 미성년자예요. 미성년자는 술을 마시면 큰일 나거든요."

"……?"

헨리는 어리둥절한 표정이었다. 하긴 중세 시대에 청소년보호법 같은 게 존재했을 리도 없지 않은가. 왕이 끝내 잔을 내려놓지 않자 이지는 포기하고 잔을 들었다. 까짓 거, 와인 한 모금 마셨다고 설마 죽기야 하겠어?

"으음……."

와인을 한 모금 홀짝인 이지의 입가에 만족스런 미소가 번졌다. 훌륭한 맛이었다. 부드럽게 목을 타고 넘어간 액체가 가슴을 후끈하게 덥히자 기분이 묘하게 좋아졌다. 마음이 풀어져 헤헤거리는 이지를 희미하게 웃으며 지켜보던 헨리가 천천히 일어섰다. 그리고 이지에게 허리를 살짝 숙이며 오른손을 내밀었다.

"레이디, 한 곡 추실까요?"

"딸꾹! 뭐, 뭘 하자고요?"

와인 한 모금에 얼굴이 농익은 포도처럼 달아오른 이지가 눈을 게슴츠레하게 뜨고 물었다. 그런 이지가 오히려 귀엽다는 듯 헨리가 빙긋 웃으며 팔을 잡아 일으켰다.

"왕이 시녀인 너에게 춤을 추자고 부탁하고 있잖니?"

헨리가 왼손으로 이지의 허리를 슬쩍 잡고, 맞잡은 오른손을 어깨 위로 쳐든 채 자세를 취했다. 기다렸다는 듯 악단이 연주를 시작했다. 부드러운 선율의 미뉴에트 춤곡이었다.

"어어……."

헨리가 이끄는 대로 이지는 빙글빙글 회전하며 춤을 추었다. 헨리의 셔츠가 뺨을 스칠 때마다 아찔한 향수 냄새가 풍겼다. 계속 빙글빙글 돌던 이지는 자신이 와인에 취한 것인지 향수에 취한 것인지조차 모르게 되었다. 아아, 왜 이리 어지럽지? 균형을 잃고 비틀거리는 이지의 허리를 헨리가 단단히 끌어안았다. 그 바람에 이지는 헨리와 입술이 닿을 정도로 가까워지고 말았다.

떨어져야 한다고 생각했지만 이상하게 몸이 말을 듣지 않았다. 아니, 조금 더 솔직히 말하자면 석류처럼 빨간 그의 입술에 입술을 부딪혀 보고 싶은 마음이 간절했다. 그의 입술은 대체 어떤 맛일까? 어떤 감촉일까? 계속 빙글빙글 돌면서 헨리는 자신을 향해 웃고 있는 것 같았다. 가지런한 치아를 드러내고 살인미소를 흘리는 남자가 헨리 8세인지 주노인지 이지는 헷갈렸다.

"읍!"

주노인지 헨리인지가 이지의 입술을 덮친 것은 바로 그때였다. 순간 빙글빙글하던 회전도 멈추고, 음악도 멈추고, 세상 전체가 멈춰버린 것 같았다. 하늘에서 수백 송이의 붉은 장미비가 내리고, 수천 개의 망루에서 일제히 종이 울렸다.

'아……, 이것이 바로 운명적인 키스라는 거구나?'

눈을 반쯤 감으며 이지는 벅찬 전율을 느꼈다. 그리고 그때, 다행인지 불행인지 갓난아기를 안고 눈물을 뿌리던 메리의 모습이 떠올랐다. 동시에 이지가 양손으로 헨리의 가슴을 힘껏 밀어냈다.

"으앗! 왜 이래?"

하마터면 바닥에 쓰러질 뻔한 헨리가 가까스로 균형을 잡으며 고함

을 질렀다. 기타 줄이 끊어지듯 음악이 뚝 끊겼다. 악사들이 긴장된 눈으로 서로를 뚫어져라 쏘아보는 이지와 왕을 바라보았다.

완전히 정신을 차린 이지가 차갑게 쏘아붙였다.

"왜 그러는지 몰라서 물어요? 오늘 메리 언니와 케리가 궁에서 쫓겨났어요. 불과 며칠 전까지만 해도 목숨처럼 사랑한다고 말했던 여자를 매몰차게 쫓아내 놓고, 그녀의 시녀를 불러다 춤추며 유혹한다는 게 말이 되냐고요!"

어금니를 깨문 채 이지를 바라보던 헨리가 간신히 화를 참는 목소리로 변명했다.

"나로서도 어쩔 수 없는 선택이었어."

"어쩔 수 없긴 뭐가 어쩔 수 없어요? 당신은 늘 제멋대로 결정해 놓고 어쩔 수 없는 상황이었다고 핑계를 대잖아요! 차라리 그냥 싫증이 났다고 솔직하게 말해요!"

"……."

헨리도 더 이상은 변명하지 않았다. 숨을 헐떡이며 그런 헨리의 얼굴을 바라보던 이지가 돌아섰다.

"저녁 식사에 초대해 주셔서 감사했어요. 그럼 전 이만."

빠른 걸음으로 식당을 빠져나가는 이지의 등 뒤에서 헨리의 고함이 들려왔다.

"케리가 나중에 국왕이 되었는데 정통성 시비가 일어난다고 생각해 봐! 그날로 영국은 서너 조각으로 갈라져 피비린내 풍기는 내전을 치러야 한단 말이다!"

이지는 왕을 향해 천천히 돌아섰다. 헨리는 피곤한 표정이었다. 활기찬 모습은 거짓말처럼 사라지고 얼굴에는 무기력함만이 가득했다. 아직 젊은 왕은 어깨에 너무도 무거운 짐을 짊어지고 있는 것 같았다. 헨리의 눈빛이 애절하게 변했다.

"이지……, 나는 네가 얼마나 착하고 얼마나 예쁜 아인 줄 알아. 수많은 여자들이 권력을 위해 또는 가문의 영광을 위해 나를 사랑했지만 너만은 순수하게 나를 좋아해 줄 수 있는 여자야. 부디 너의 따뜻한 가슴으로 지친 내 영혼을 감싸주렴."

"……!"

심장이 쿵쾅거리는 소리를 들으며 이지는 자신을 향해 손을 내미는 잘생긴 왕을 쳐다보았다. 헨리의 얼굴과 주노의 얼굴이 다시 겹쳐 보이기 시작했다. 마치 주노가 자신에게 사랑을 고백하고 있는 것만 같았다. 속으면 안 돼. 헨리나 주노 같은 금딱지들이 나를 진심으로 좋아할 리가 없잖아. 헛된 환상으로부터 도망치려는 듯 이지는 천천히 뒷걸음질쳤다.

"나는 당신을 믿지 않아요. 당신처럼 이기적인 남자는 여자에게 상처만 줄 뿐이에요."

"내게 기회를 다오!"

"절대로 안 속아!"

이지는 홱 돌아서서 식당을 빠져 나가려 했다.

"거기 서!"

헨리의 성난 고함소리에 이지가 다시 멈춰 섰다. 거친 숨을 몰아쉬며 이지의 등을 쏘아보던 헨리가 상처 입은 표정으로 중얼거렸다.

"정 그렇다면 할 수 없지. 대신 앤 블린을 불러 주겠니? 네가 망쳐 버린 저녁 식사를 누군가와는 끝마쳐야 할 테니까."

입술을 깨문 채 가늘게 떨고 있던 이지는 간신히 걸음을 내딛었다.

"알겠습니다. 곧 불러드리죠."

이지의 모습이 출입문 너머로 완전히 사라질 때까지 헨리는 결코 시선을 거두지 않았다.

"가면 안 돼, 언니! 메리 언니의 당부를 벌써 잊은 거야?"

"전하와 저녁 식사를 하는 것뿐이야. 심각하게 생각할 필요 없다고."

"글쎄, 지금은 그 전하라는 남자가 상당히 위험한 상태라니까."

방으로 돌아온 이지는 앤과 십 분 넘게 언쟁을 벌이는 중이었다. 평소 그토록 얌전했던 앤은 오늘따라 이지가 뭐라고 하든 철저히 무시하고 넓은 치마폭을 따라 여러 줄의 레이스가 달린 예쁜 드레스를 차려입는 중이었다.

문으로 향하는 앤을 이지가 양팔을 벌려 막았다.

"언니, 제발 이러지 마."

"이지야, 비켜. 부탁이야."

앤은 부드럽게 말했지만 눈빛만은 단호했다.

"메리 언니가 왜 나한테 언니가 왕의 관심을 끌지 못하게 해 달라고 부탁했는지 알아? 왕이 얼마나 이기적인 남자인지 알아차렸기 때문이야. 불을 향해 날아드는 나방은 결국 날개를 태우고 추락하게 돼 있어. 메리는 언니도 그런 꼴을 당할까 봐 무서웠던 거라고."

안타까움이 가득한 이지의 얼굴을 유심히 들여다보던 앤이 그녀를 살며시 안았다. 이지는 앤이 자신의 말을 받아들였다고 생각하고 안심했다.

"언니……!"

하지만 이지의 입에서 곧 짧은 신음이 새어나왔다. 앤이 이지를 옆쪽으로 밀치고 방문을 열었기 때문이다.

"언니, 대체 왜 이래?"

답답한 마음에 버럭 소리치는 이지를 앤이 힐끗 돌아보았다.

"걱정하지 마, 이지. 나는 메리처럼 호락호락 당하지는 않을 테니까."

"언니……?"

앤의 웃음이 왠지 소름끼쳐 이지는 바위처럼 굳어 버리고 말았다.

식당 안으로 들어서던 앤은 멈칫했다. 헨리는 식탁 앞에 패배자 같은 얼굴로 앉아 와인 잔을 기울이고 있었다. 늘 패기가 넘치던 그였지만 지금은 우울한 기운만이 가득했다. 악사들은 겁에 질려 눈치만 살피고 있었다.

쾅!

"술! 술을 더 가져와라!"

헨리가 술잔을 부서질 듯 내려놓으며 소리쳤다. 부들부들 떨며 헨리에게 다가가려는 시종들을 앤이 팔을 뻗어 막았다. 시종들 대신 앤이 헨리에게 다가갔다. 자신 앞에 서는 앤을 헨리가 천천히 고개를 들어 보았다.

"……"

두 사람은 한동안 눈싸움을 벌이듯 서로의 얼굴을 뚫어져라 응시했다. 헨리가 먼저 입을 열었다.

"이지라는 시녀아이가 나보고 이기적인 남자라고 소리치더군. 내가 제멋대로 메리와 케리를 버렸다는 거야. 앤, 너도 그렇게 생각하나?"

"아니요, 저는 그렇게 생각하지 않습니다."

"내가 네 동생과 조카를 유배 보냈는데도?"

"전하께서는 대영제국의 태양이시고, 주님을 제외하곤 세상에서 가장 존귀하십니다. 당연히 전하께서 하시는 일은 무조건 옳으시죠. 전하께서 지금 당장 저를 사형에 처하신다 해도 저는 절대로 전하를 원망하지 않을 것입니다."

황당한 눈으로 앤을 바라보던 헨리가 푸훗, 실소를 흘렸다. 그리고 이내 고개까지 젖히고 크게 웃었다.

"으하하하! 내가 드디어 나를 이해해 주는 여자를 만났구나!"

앤이 그런 헨리를 향해 가늘게 떨리는 손을 내밀었다.

"전하는 의기소침해 하는 것보다 자신감에 차 있는 모습이 훨씬 어울리십니다. 저와 춤추시겠습니까, 전하?"

헨리가 기가 막힌 듯이 말했다.

"여자인 네가 먼저 춤을 청하다니, 너는 사교계의 예절도 모르는 모양이구나?"

"남자가 여자에게 춤을 청해야 한다는 것쯤은 알고 있습니다."

"그런데?"

"전하는 그런 하찮은 규칙쯤은 초월한 분이니까요. 저 앤 블린은 앞으로도 전하께 먼저 손을 내밀 생각이랍니다."

앤의 얼굴을 지그시 바라보던 왕이 천천히 그녀의 손을 잡고 일어섰다. 왼손으로 앤의 가냘픈 허리를 끌어안고 맞잡은 오른손을 어깨 위로 쳐들며 헨리가 흡족한 듯이 웃었다.

"앤 블린, 너를 만나니 마치 오랫동안 헤매던 안개 속을 탈출한 기분이다. 이제부터 나는 너를 통해서 메리를 잃은 슬픔을 치유할 것이다."

"기꺼이 전하의 마음을 받아들이겠습니다."

악사들이 연주를 시작했다. 헨리는 앤을 이끌며 방안을 빙글빙글 돌았다. 춤이 절정에 이르렀을 무렵, 헨리가 앤을 향해 입술을 접근시켰다. 그는 앤이 지금껏 그랬던 것처럼 고분고분 자신의 입술을 받아들이리라 확신했다. 하지만 예상 외로 그녀는 완강히 고개를 돌려 버렸다.

"나의 사랑을 받아들이기로 해 놓고 키스는 거부하는 것이냐?"

"저는 이미 전하께 영혼을 드렸습니다. 하지만 신께 맹세컨대, 전하께서 한 가지 선물을 주시기 전에는 절대로 육신만은 허락하지 않을 것입니다."

"대체 무슨 선물을 원하기에?"

루비나 다이아몬드를 생각한 헨리는 여유롭게 물었다. 그런 보물쯤은 쥬얼리 하우스에 얼마든지 쌓여 있는 것이다. 왕과는 달리 앤은 웃지 않았다. 잠시 숨을 고르던 그녀가 정색하며 말했다.

"제가 원하는 선물은 단 하나……, 대영제국 왕비의 왕관뿐이옵니다."

"……!"

헨리의 눈이 부릅떠졌다. 왕이 춤을 멈추자 악사들도 서둘러 연주를 그쳤다. 숨 막힐 듯한 정적 속에 헨리는 앤의 눈동자를 빤히 들여다 보았다. 그녀의 눈에서는 어떤 망설임도, 후회도 읽히지 않았다.

아, 이 여자는 정말 목숨을 걸고 왕관을 원하는구나! 헨리는 비로소 앤의 말이 장난이 아님을 알았다. 너무도 엄청난 요구에 그는 화를 내야 할지 웃어넘겨야 할지 선뜻 판단이 서질 않았다. 앤이 헨리와 맞잡은 손을 슬쩍 끌어당겼다. 그리고 다시 춤을 추기 시작했다. 눈치를 살피던 악사들은 왕이 순순히 앤의 움직임을 따라가자 다시 춤곡을 연주했다. 조금의 흐트러짐도 없이 춤추며 앤이 생각에 잠긴 헨리의 귓가에 대고 속삭였다.

"고민하실 필요 없습니다, 전하. 전하께서 제 마음만 가지시겠다면 저 역시 왕관을 탐내지 않을 테니까요."

"……."

왕은 여전히 생각에 잠겨 있었다. 그러나 앤은 확신하고 있었다. 어려서부터 원하는 것은 무엇이든 손에 넣지 않고는 배기지 못했던 이 남자는 결국 자신의 전부를 얻기 위해 가장 존귀한 선물을 바치게 되리란 사실을.

음악에 맞춰 한 쌍의 나비처럼 우아하게 춤추는 앤과 헨리를 이지는 반쯤 열린 문 틈으로 훔쳐보고 있었다. 그리고 애정 가득한 눈으로 서로를 응시하며 빙글빙글 춤추는 두 사람을 보자 어쩔 수 없는 후회가 밀려들었다. 윤이지, 그의 사랑을 거부한 것을 평생 후회하지 않을 자신은 있는 거니? 왕의 손길을 뿌리친 것이 꼭 주노의 마음을 거절한 것만 같아 가슴 한 구석이 시렸다. 바보 같은 생각 그만하고 빨리 앤과 헨리를 떼어놓을 방법이나 찾아 봐. 이대로 가면 앤은 끔찍한 일을 당하게 된다고 책에 똑똑히 적혀 있잖니.

"으앗!"

스스로를 달래며 천천히 돌아서던 이지가 비명을 질렀다. 언제 왔는지 캐서린 왕비가 바로 앞에 서 있었던 것이다. 안쪽을 향했던 캐서린의 시선이 이지에게로 천천히 옮겨졌다. 이지의 얼굴을 조용히 들여다보던 캐서린이 혼잣말처럼 중얼거렸다.

"두 사람은 결국 이렇게 되고 말았군. 여우를 쫓아내자마자 늑대가 뛰어든 셈이구나."

여우는 메리를, 늑대는 앤을 의미하는 것이리라. 울컥한 이지가 왕비를 향해 따지듯이 말했다.

"메리를 쫓아내려고 왕께 윌리엄 캐리에 대해 고자질까지 했는데 정말 안되셨네요."

"무슨 소리를 하는 것이냐?"

캐서린이 눈살을 찌푸렸다.

"메리의 옛 애인인 윌리엄에 대해 왕께 고자질한 사람은 바로 왕비님이잖아요."

"네가 뭔가 단단히 착각하고 있구나."

"왕비님이 아니면 누가 그랬단 말인가요?"

"그건 말이지……."

캐서린은 대답하려다 말고 힐끗 고개를 돌려 왕과 점점 빠르게 춤을 추는 앤을 바라보았다. 캐서린의 시선을 쫓아 앤을 보던 이지가 말도 안 된다는 표정을 지었다.

"서, 설마 앤 언니가 그랬다는 건가요? 앤은 메리의 친언니라고요!"

캐서린의 입가에 비웃음이 걸렸다.

"형제자매끼리의 질투가 더 치열한 법이지. 그들은 원래 어미의 젖을 차지하려고 생사의 경쟁을 벌이던 사이가 아니냐?"

"그, 그럴 리가……?!"

충격으로 안색이 굳어지는 이지에게 캐서린은 속삭였다.

"앤에게 직접 물어보렴. 무서운 진실을 알게 될 테니까."

새벽이슬을 맞으며 앤은 살금살금 방으로 돌아왔다.

"지금 오는 거야?"

"깜짝이야!"

침대에 우두커니 앉아 기다리던 이지를 발견하고 그녀는 화들짝 놀랐다. 잠을 못 잔 덕분에 다크써클을 짙게 드리운 채 자신을 쏘아보는 이지를 앤이 당황스런 눈으로 쳐다보았다.

"왜, 왜 그런 눈으로 쳐다보는 건데? 전하하고는 아무 일도 없었어."

"지금 전하가 문제가 아니야. 내가 묻고 싶은 것은……."

"묻고 싶은 것은?"

눈을 동그랗게 뜨는 앤의 순진한 얼굴을 보며 이지는 자신이 얼마나 한심한 생각을 하고 있는지 알 수 있었다. 앤은 절대로 그런 짓을 할 사람이 아니다. 온갖 음모가 판치는 왕궁에서 몇 달 지내다 보니 머리가 이상해져 버렸구나, 윤이지? 어떻게 캐서린 왕비의 말만 믿고 앤을 의심할 수가 있니?

'하지만 캐서린도 그렇게 나쁜 여자 같지는 않았는데……?'

문득 캐서린의 의지가 엿보이는 얼굴을 떠올린 이지가 고개를 갸웃했다. 잠시 고민하던 이지는 딱 한 번만 앤을 시험해 보기로 결심했다. 그녀가 앤을 향해 정색하며 말했다.

"캐서린 왕비에게 다 들었어. 언니가 어떻게 메리에게 그런 짓을 할 수가 있지?"

"……."

앤은 영문을 모르겠다는 듯이 어리둥절한 표정이었다. 그럼 그렇지. 이지가 막 의심을 거두려고 할 때에 앤의 안색이 조금씩 변하기 시작했다. 당황하는 이지의 얼굴을 낯선 사람처럼 싸늘히 바라보던 앤이 천천히 입을 열었다.

"그래, 내가 그랬어."

"흐읍!"

이지는 더운 숨을 훅 들이마시고 말았다. 캐서린의 말이 모두 사실이었다니! 이건 상상조차 해 보지 못한 대반전이었다. 온몸을 벌벌 떨며 이지가 간신히 물었다.

"대…… 대체 왜……?"

"당연히 헨리를 사랑하기 때문이지. 다른 어떤 이유가 있겠니?"

너무도 당연하다는 듯이 답하는 앤의 얼굴을 이지는 멍청히 쳐다보았다.

"아무리 그렇다고 동생을 희생시키는 게 말이 된다고 생각해?"

"헨리는 어차피 메리를 왕비로 삼을 생각이 없었어. 그렇다면 이번에는 내가 나서는 게 당연한 일이잖아?"

도저히 이해할 수 없다는 표정으로 앤을 보던 이지가 설득조로 말했다.

"지금이라도 그만둬. 다른 사람을 짓밟으며 얻은 사랑이 해피엔드로 끝날 리 없어. 다른 누구보다 언니 자신을 위해 제발 이쯤에서 멈추란 말이야."

"나는 왕비가 될 거야. 그럼 사랑은 완성되고, 나와 우리 가문도 행복해지겠지."

"참으로 옳은 말이다!"

갑작스런 음성에 놀란 이지가 뒤를 돌아보았다. 토마스 블린 경이 빠른 걸음으로 들어오는 게 보였다. 이지는 구원자처럼 블린 경을 맞이했다.

"잘 오셨어요, 블린 경. 앤이 윌리엄 캐리에 대한 소문을 퍼뜨렸다는 걸 알고 계세요? 결국 앤 언니가 메리 언니와 케리를 유배 보낸 셈이라고요."

"그게 뭐 어쨌다는 거냐?"

블린 경의 뜻밖의 태도에 이지는 말문이 턱 막혀 버렸다. 멍해진 이지를 째려보며 블린 경이 말했다.

"앤의 말대로 메리는 왕비가 되는 데 실패했다. 그렇다면 기회는 이제 앤에게 넘어간 거야. 나는 수단방법을 가리지 않고 앤이 왕비가 되도록 도울 것이다."

"하아."

사람이 너무 기가 막히면 헛웃음만 나오는 법이다. 지금의 이지가 꼭 그랬다. 딸들에게 이렇게 잔인한 아빠가 존재할 줄이야. 목구멍으로 치미는 화를 가까스로 억누르며 이지가 말했다.

"가문을 위해서 딸들이 희생당해도 상관없다는 뜻인가요? 언니가 동생을 추방하고, 동생이 언니를 증오해도 아무렇지도 않아요?"

앤의 어깨를 힘주어 잡으며 블린 경은 망설일 필요조차 없다는 듯이 답했다.

"그래, 적어도 나와 내 딸들만큼은 그렇다."

이지는 입술을 질끈 깨물고 나란히 서 있는 부녀를 바라보았다. 두 사람은 깨진 액자 속의 그림처럼 어딘지 어긋나 있는 것처럼 보였다.

앤에게도 화가 나는 한편, 불쌍하게 여겨지기도 했다. 아마도 앤이 헨리를 사랑한다는 말은 거짓이 아닐 것이다. 다만 그 감정이 아버지의 탐욕에서 비롯됐다는 데 문제가 있었다.

'이건 아니야! 이렇게 시작된 사랑이 좋은 결실을 맺을 리가 없어!'

짧은 봄이 지나고 여름이 찾아왔다. 런던타워의 높은 성벽이 넝쿨로 덮였다. 화이트 타워 뒤편의 연못가에서는 어미 거위가 노란 새끼들을 줄줄이 달고 헤엄쳤다. 새파란 여름 하늘이 내다보이는 왕비 처소의 널찍한 창문 옆에서 캐서린과 마주앉아 이지는 차를 마시고 있었다.

계절이 바뀌는 사이 앤과 헨리 8세는 급속도로 가까워졌다. 앤은 변덕쟁이 왕의 마음을 사로잡는 데 천부적인 재능이 있는 것 같았다. 국왕이 캐서린 왕비와 이혼하고 앤과 결혼하리란 소문이 성곽을 뒤덮은 이끼처럼 번졌다. 생각에 잠겨 하늘을 응시하는 이지의 얼굴을 가만히 보던 캐서린이 입을 열었다.

"나를 만나고 싶다고 한 이유가 있을 텐데?"

그제야 이지가 캐서린을 천천히 돌아보았다. 잠시 망설이던 이지가 나직이 말했다.

"앤 언니는 기어이 왕비가 될 생각이에요. 알고 계시죠?"

"이 궁 안에 있는 모든 사람이 알고 있는 사실이지."

"그런데 왜 아무 대책을 세우지 않으시죠?"

차 한 모금으로 입술을 적신 캐서린이 엷게 웃었다.

"지금의 왕은 형인 아더가 급작스레 죽은 후에 왕위에 올랐지. 나는 그 전에 이미 아더와 약혼한 사이였어. 그런데 아더가 죽고 헨리가 왕이 되자, 형의 전 약혼녀를 책임진다는 의미에서 나와 결혼했던 거야."

"그건 저도 알아요."

"문제는 헨리가 바로 이 부분을 이혼의 명분으로 내세우고 있다는 거야."

"그게 무슨……?"

"자신이 형의 여자와 결혼하는 바람에 신의 노여움을 사서 우리 사이에 아들이 태어나지 않는다는 거지. 그러니까 이제라도 나와 이혼해서 신의 분노를 달래고, 새로운 왕비를 통해서 아들을 얻겠다는 입장이야. 결국 나는 어떤 항의도 할 수 없는 처지가 돼 버렸어."

"그런 말도 안 되는……?"

이지가 기가 막힌 표정으로 캐서린을 보았다. 자세히 보니, 왕비는 그간 마음고생이 심했는지 몹시 지쳐 보였다. 저 혼자 잘난 줄 아는 변덕쟁이 금딱지 하나가 여러 여자를 피곤하게 만드는군.

"자기가 좋아서 결혼하고서 핑계를 대다니, 너무 비겁해요!"

이지가 참지 못하고 고함치자 왕비는 씁쓸히 웃었다.

"그게 바로 왕의 특권이지. 자기는 어떤 책임도 지지 않고 다른 사람에게 모든 잘못을 미룰 수 있어."

"그건 특권이 아니라 오만이에요! 아무리 금딱지라도 이유 없이 다른 사람에게 상처를 입히는 건 용납할 수 없어요!"

"금딱지?"

"그, 그런 게 있어요."

고개를 갸웃하는 캐서린을 향해 이지는 대충 얼버무렸다. 이지가 분위기를 바꾸려고 흠흠 헛기침을 하며 말했다.

"어떻게든 왕비가 되려는 앤 언니를 막아야 하지 않겠어요?"

"흐음……."

의심스런 눈으로 자신을 빤히 쳐다보는 캐서린을 향해 이지가 손을 휘휘 저었다.

"앤 언니의 친구인 제가 왜 방해하려고 하는지 의심스러운 거죠? 진심이니까 믿으셔도 돼요. 왕비님이 아니라 앤 언니를 위해서 이러는 거니까요."

"……."

입을 굳게 다문 채 이지의 얼굴을 뚫어져라 보던 캐서린이 마침내 고개를 끄덕였다.

"네 결심이 그렇다면 울지 추기경님을 만나 뵙도록 하렴."

"울지 추기경님이라고요?"

울지 추기경과 시동 크롬웰

그러고 보니 이지는 궁에 들어오기 전에 앤으로부터 울지 추기경에 대해 들은 적이 있었다. 미래로 돌아갈 방법을 고민하는 이지에게 앤은 현명한 울지 추기경님이라면 방법을 찾아 줄지도 모른다고 말했었다.

"울지 추기경은 전하께서 가장 신임하는 친구이자 대영제국의 법을 수호하는 대법관이기도 하단다. 그 분이라면 왕의 부당한 이혼을 막기 위해 모든 노력을 아끼지 않을 거야. 내가 직접 움직일 수 없는 상황이니 이지 네가 대신 추기경님을 뵙고 대책을 세워 주지 않겠니?"

잠시 고민하던 이지는 결심한 듯이 말했다.

"그럼 소개장을 한 장 써주세요."

"기꺼이 써 주마."

두 여자가 신뢰 가득한 눈으로 서로를 보았다. 둘 다 든든한 우군을 얻은 느낌이었다.

"흐음……, 캐서린 왕비님의 소개장을 가지고 온 윤이지란 말이지?"

그날 오후, 이지는 왕궁 안에 있는 대성당으로 가서 왕비가 써 준 소개장을 내밀었다. 이지보다 약간 나이가 많아 보이는 소년이 소개장을 들여다보며 연신 고개를 끄덕였다. 여자보다 피부가 곱고 호리호리한 소년의 얼굴을 이지는 유심히 쳐다보았다. 잘생기고 똑똑해 보이는 아이라고 생각했다. 대성당에 처녀들의 발길이 끊이지 않는 건 이 잘난 오빠 때문인지도 모르겠는걸?

"너, 지금 나보고 잘생기고 똑똑해 보이는 오빠라고 생각했지?"

"예에?"

눈이 휘둥그레지는 이지에게 얼굴을 바싹 들이밀고 소년은 히죽 웃었다.

"그리고 대성당에 처녀들의 발길이 끊이지 않은 것은 이 잘난 오빠 때문일지도 모른다고도 생각했지?"

"……!"

이지가 입을 쩍 벌린 채 소년의 얼굴을 보았다. 이 녀석, 독심술이라도 익힌 거냐?

"핫하! 농담이야, 농담! 뭘 그리 정색하고 그러니?"

"내가 언제 댁하고 농담하고 싶다고 했나요? 그리고 이쪽이 신분을 밝혔으니 그쪽도 신분을 밝히는 게 예의 아닌가요?"

무안해진 이지가 퉁명스럽게 쏘아붙였다. 소년이 오른손을 가슴에 붙이며 정중히 허리를 숙였다.

"무례를 용서하십시오, 레이디. 저로 말할 것 같으면 울지 추기경님의 시동을 맡고 있는 토마스 크롬웰이라고 합니다."

"토마스 크롬웰……?"

어디선가 들어본 이름 같다고 생각하며 이지는 고개를 갸웃했다. '세기의 로맨스'에 등장하는 이름 같았는데, 확실치가 않았다. 책의 내용이 제대로 생각나지 않으니 정말 답답했다.

"그런데 시동이 뭐야?"

이지는 어느새 반말 투로 바뀌어 있었다. 처음 만났지만 크롬웰에게선 왠지 편안함이 느껴졌다. 그도 별로 신경 쓰지 않는 듯 순순히 대답했다.

"시종은 단순히 시중만 드는 사람이지만 시동은 일종의 제자로 추기경님의 업무를 보조하고, 말동무도 해 드리는 친구 같은 존재야. 똑똑한 귀족가의 자제가 아니면 시동이 될 수가 없지."

마지막에 살짝 잘난 체를 곁들이는 크롬웰을 흘겨보며 이지가 말했다.

"충분히 알았으니 이제 그만 추기경님께 안내해 주시지."

"알았어, 성질 급한 아가씨. 그 전에 뭐 한 가지만 물어봐도 될까?"

한쪽 눈을 찡긋하는 크롬웰이 밉지 않아서 이지는 고개를 까닥했다.

"캐서린 왕비의 소개장을 가져온 걸 보니, 너는 아마도 추기경께 전하와 왕비님의 이혼을 막아 달라는 부탁을 하러 왔겠지?"

"그, 그걸 어떻게?"

크롬웰이 정말 독심술을 익힌 것인지도 모른다고 생각하며 이지는 놀란 표정을 지었다. 크롬웰이 어깨를 으쓱하며 대답했다.

"그 정도도 몰라서야 추기경님의 시동이라고 할 수 있겠냐? 그런데 네가 한 가지 주의할 점이 있어."

"그게 뭔데?"

이지는 완전히 빠져든 표정으로 물었다.

"만약 네가 단지 왕비님을 돕기 위해 이혼을 막아 달라고 부탁하면 추기경님은 거절하실 게 분명해."

"어째서?"

"지금의 헨리 8세 전하는 대영제국 역사상 가장 강력한 힘을 가진 왕이시거든. 그 힘이 얼마나 막강하냐면 마음만 먹으면 로마에 있는 교황 클레멘스 7세 성하를 간단히 무시해 버릴 정도야. 그러니까 헨리 8세 전하 곁에서 부와 명성을 누리고 있는 울지 추기경께선 괜히 왕비님의 편을 들었다가 모든 걸 송두리째 잃고 싶지는 않을 것이란 말이지."

"그, 그럼 어쩌지?"

"간단해. 추기경께서 왕비님을 도울 수밖에 없다고 생각하게 만드는 거야."

"흐음……."

일리 있는 말이라고 생각하며 고개를 주억이는 이지를 향해 크롬웰이 빠르게 말을 이었다.

"캐서린 왕비께서는 신성로마제국 황제로서 이탈리아 반도를 지배하는 카를 5세의 이모님이 되셔. 로마가 어디에 붙어 있는지는 알고 있지?"

"그야 이탈리아 안에 있지."

"그래, 당연히 클레멘스 7세는 카를 5세의 눈치를 볼 수밖에 없어. 그런데 헨리 8세 전하께서 캐서린 왕비님과 이혼하겠다고 하면 카를 5세는 어떻게 나올까?"

"자기 이모니까 당연히 반대하겠지."

"맞아, 그럼 황제의 눈치를 살필 수밖에 없는 교황청도 영국 국왕의 이혼을 반대할 거야. 그렇게 되면 울지 추기경님은 어떤 입장에 처하게 될까?"

이지의 눈이 커다래졌다.

"국왕과 교황 사이에서 샌드위치 신세가 되겠군?"

"빙고."

크롬웰이 이지를 가리키며 장난꾸러기처럼 웃었다.

"교황께 이런 사정을 설명하고 왕비님을 도우라고 설득하란 말이구나?"

"바로 그거예요, 똑똑한 아가씨."

크롬웰이 육중한 문을 열어주며 한쪽 눈을 찡긋했다.

고풍스럽게 꾸며진 방안으로 걸어 들어가던 이지가 멈칫했다. 넓은 방의 창가 쪽 바닥에 흙을 깔아 만든 작은 실내 화단이 보였다. 그곳에 편안한 작업복 차림의 뚱뚱한 중년 남자가 쪼그리고 앉아 호미로 땅을 고르는 중이었다. 남자의 농사 솜씨가 대단한지 화단에 심어진 넝쿨에는 토마토가 주렁주렁 달려 있었다. 이지가 설마 하는 마음으로 물었다.

"저……, 울지 추기경님을 만나 뵈러 왔는데요."

"내가 울지인데."

이마의 땀을 닦으며 빙긋 웃는 남자, 아니 추기경을 이지가 황당한 듯 쳐다보았다. 근엄한 모습을 상상했는데 완전 딴판이었던 것이다. 허리를 툭툭 두드리며 일어선 추기경이 토마토를 따며 물었다.

"그래, 무슨 용무지?"

"실은……."

이지가 앤과 메리의 일에 대해 말하기 시작했다. 앤이 거짓 소문으로 메리를 쫓아내는 부분에 이르자 추기경은 "저, 저런!", "어쩜 그릴 수가?"라는 감탄사를 곁들여 이지가 속 깊은 이야기를 털어놓도록 유도했다. 이지는 말을 마치고 아직도 토마토를 따고 있는 추기경을 조용히 바라보았다. 추기경이 잘 익은 토마토가 가득 담긴 바구니를 들고 소파로 향했다.

"자, 일단 이걸 좀 들면서 얘기하자꾸나."

추기경이 내민 빨갛게 익은 토마토를 이지는 공손히 받아 입으로 가져갔다. 토마토를 깨물자 입안에 단맛과 함께 싱그러운 향이 퍼졌다. 잔뜩 긴장했던 마음도 조금은 풀리는 기분이었다.

"그러니까 전하께 앤이 어떻게 동생인 메리를 쫓아냈는지 알려서 그녀를 멀리하도록 해 달라는 것이지?"

"예."

"하긴 그런 무서운 아가씨가 새 왕비가 된다면 큰일이지."

"맞아요. 앤과 전하는 절대 맺어져서는 안 되는 사이예요."

"흐음……."

턱을 어루만지며 골똘히 생각에 잠기는 추기경을 향해 이지가 조바심을 내며 물었다.

"왕께 꼭 말씀드려 주실 거죠? 이대로 왕께서 캐서린 왕비님과 이혼하시면 모두에게 정말 불행한 일이 벌어진다고요."

추기경이 빙긋 웃으며 물었다.

"아가씨, 이 토마토의 맛이 어땠는가?"

"달고 맛있는데요."

갑작스런 질문에 살짝 당황한 이지를 향해 추기경이 인자하게 웃으며 다른 토마토 하나를 내밀었다.

"어디 이번엔 이걸 한 번 먹어보게."

"네? 으, 셔!"

새로운 토마토를 깨문 이지는 절로 눈살을 찌푸렸다. 빨갛게 익은 줄 알았던 토마토는 의외로 설익어서 신맛만 가득했던 것이다.

추기경이 의미심장하게 웃었다.

"그것 보게. 똑같은 빛깔의 토마토라 해도 맛은 천차만별이 아닌가. 세상도 마찬가지야. 어떤 이는 내게 달콤한 맛을, 어떤 이는 신맛을 느끼게 해 준다네. 그렇다고 단맛을 주는 사람만 상대할 수는 없어. 갖가지 맛을 내는 사람들이 어우러져야 세상이 평화로울 테니까."

추기경의 말을 곱씹고 있던 이지는 불안한 듯 물었다.

"그 말씀은……, 왕께 앤의 일을 고할 수 없다는 뜻인가요?"

"전하와 나는 오랜 친구였어. 우리가 그토록 오랫동안 친구일 수 있었던 이유는 서로의 개인사에 간섭하지 않았기 때문이야. 돌아가서 왕비님께 울지는 왕의 이혼 문제에 관여하지 않겠다고 전해 드리게."

"……"

입술을 깨물고 있던 이지는 숨겨 두었던 비장의 무기를 내밀었다.

"제 말을 조금만 더 들어 주시겠어요, 추기경님? 저는 앤으로 인해 전하의 이혼 문제가 불거지면 가장 고통 받을 사람 중 하나는 추기경님이라고 생각하는데요."

"그건 또 무슨 말이지?"

"설마 캐서린 왕비께서 교황 클레멘스 7세를 볼모처럼 잡고 있는 신성로마제국 황제 카를 5세의 이모라는 사실을 잊고 계신 것은 아니겠지요?"

여유 만만하던 추기경의 얼굴이 바위처럼 굳어 버렸다.

이지는 크롬웰이 알려준 작전 덕분에 울지 추기경을 캐서린 왕비 편으로 끌어들일 수 있었다. 당장 그날 저녁, 대성당의 밀실에서 왕비와 추기경 그리고 이지와 크롬웰, 이렇게 네 사람의 비밀 모임이 열렸다. 그리고 며칠 후에 열리는 대신 회의에서 울지 추기경이 앤의 악행을 고발한다는 결정이 내려졌다.

"증인이 필요합니다."

추기경이 나직이 말하자 이지는 재빨리 대답했다.

"저와 왕비님이 증인이에요."

"두 분만으론 부족합니다. 다른 증인은 없습니까?"

잠시 생각하던 캐서린이 한 사람의 이름을 떠올렸다.

"앤이 제 방에 찾아와 메리에게 윌리엄 캐리라는 애인이 있었다고 폭로했을 때, 방안에 저의 시녀인 마가렛이 있었어요. 그 아이라면 증인이 되어 줄 수 있을 겁니다."

"마가렛이라면 저도 알아요. 정직한 아이니까 분명 진실을 말해 줄 거예요."

이지가 맞장구를 쳤다.

대신 회의가 열리기 전날 저녁, 이지는 앤과 함께 화이트 하우스 뒤편의 정원을 산책하고 있었다. 기분 좋은 여름 저녁이었다. 울창한 숲에선 생명의 냄새가 진동했다. 황혼에 물든 하늘을 올려다보며 이지와 앤은 나란히 걸었다.

"언니, 이제라도 그만두면 안 될까?"

나직이 중얼거리는 이지의 얼굴을 앤이 스윽 돌아보았다.

"무슨 말이니?"

"왕과 왕비를 이혼시키고 언니가 그 자리를 차지하겠다는 계획 말이야."

앤이 우뚝 걸음을 멈추었다. 이지도 따라 멈춰 섰다.

"이건 옳은 일이 아니야. 언니도 알고 있잖아."

"나는 전하를 사랑해. 사랑하는 사람의 아내가 되고 싶다는 게 용서받지 못할 욕심은 아니잖니?"

앤이 진심 어린 표정으로 말했지만 이지는 고개를 가로저었다.

"언니는 왕을 사랑한다고 믿고 있을 뿐이야. 언니의 가문과 왕의 후광이 그렇게 믿도록 강요했겠지. 분명히 말하지만 언니가 왕과 결혼한다면 제일 불행해질 사람은 바로 언니 자신이야."

"……."

이지의 진지한 눈을 들여다보던 앤이 나직이 내뱉었다.

"그래도 할 수 없어. 신의 버림을 받는다 해도 나는 헨리의 아내가 될 거야."

"언니……!"

"캐서린 왕비님과의 이혼은 절대로 안 됩니다, 전하!"

"대영제국의 체통을 생각해 주십시오!"

"교황청에서 이혼을 허락할 리가 없지 않습니까?"

화이트 하우스의 중심부에 위치한 돔형의 널찍한 대전 안에 대신들의 목소리가 쩌렁쩌렁 울려 퍼졌다. 헨리 8세는 며칠 전 형의 약혼자였던 캐서린 왕비와는 더 이상 결혼 생활을 유지할 수 없다며 이혼을 공표했다. 대신 회의가 열리자마자 대신들은 그 문제를 거론하며 크게 반발하고 있었다.

대신들은 이미 국왕과의 사이에서 공주까지 낳은 왕비에게 왜 이제와 과거를 따지는지 이해하지 못했다. 여기에 캐서린 왕비가 막강한 해군력을 자랑하는 세계 초강대국 스페인의 왕녀인 동시에 교황청이 위치한 이탈리아반도의 지배자 카를 5세의 이모라는 현실적인 문제도 반대를 부추겼다. 자칫하면 영국은 스페인과 신성로마제국은 물론 교황청이라는 강력한 적과 한꺼번에 전쟁을 치러야 할 판이었다.

"캐서린 왕비가 비록 약혼한 적이 있으나 순결한 상태였으니 아무 잘못이 없습니다!"

"두 분 다 젊으시니 곧 왕자님을 생산하실 수 있을 겁니다!"

"전하, 이혼을 고집하시면 스페인은 물론 신성로마제국과도 전쟁을 치러야 합니다!"

헨리는 높다란 왕좌에 비스듬히 앉아 시끄러운 거위 떼처럼 꽥꽥거리는 대신들을 굽어보고 있었다. 그의 눈에 분노가 일렁였다. 마음

같아선 저 쓸모없고 말만 많은 신하들을 템스 강에 깡그리 처넣어 버리고 싶었다.

헨리는 힐끗 고개를 돌려 바로 옆 의자에 앉아 있는 앤을 보았다. 앤의 얼굴에는 실망한 기색이 역력했다. 공식적으로 애인 관계가 된 이후에도 앤은 절대 키스조차 허락하지 않고 있었다. 그가 억지로 키스하려고 할 때마다 앤은 왕비가 되기 전엔 어림도 없다며 단단히 웅크렸다. 그래도 그가 포기하지 않으면 앤은 단검을 뽑아 제 목을 겨누었다. 그리고 왕비가 되기 전에 순결을 잃느니 자결하겠다고 선언했다.

헨리는 그런 앤의 고지식함이 답답하기도 했지만 일견 대견하기도 했다. 그리고 미치도록 그녀를 안고 싶었다. 그녀에 대한 욕망이 커질수록 캐서린에 대한 불만이 쌓여갔다. 그는 이제 어떤 대가를 치르고서라도 왕비와 이혼하고 새 출발하고 싶었다.

"국왕전하, 울지 추기경님과 캐서린 왕비님이 드셨습니다!"

헨리가 머리를 싸매고 있을 때 대전 입구에서 시종장의 카랑한 목소리가 울려 퍼졌다. 까치떼처럼 시끄럽던 대신들이 양옆으로 갈라지며 그 사이로 울지 추기경과 캐서린 그리고 이지를 비롯한 시녀 몇이 걸어 들어오는 게 보였다.

왕좌 바로 밑에 서서 허리를 조아리는 추기경을 향해 헨리가 불만스런 목소리로 물었다.

"나의 오랜 벗인 울지 추기경, 오늘은 무슨 일이 있어서 대전까지 나오셨소?"

울지 추기경과 시동 크롬웰

울지 추기경이 천천히 고개를 들었다. 온화한 미소를 머금은 그의 시선이 왕의 옆자리에 앉은 앤에게로 향했다. 한동안 앤의 얼굴을 뚫어져라 응시하던 울지가 천천히 입을 열었다.

"저는 오늘 전하 옆에 앉아 있는 앤 블린을 고발하기 위해 왔습니다."

"감히 앤을 고발한다고……?"

헨리의 표정이 험악하게 변했다. 눈을 치켜뜨고 추기경을 쏘아보던 헨리가 가까스로 화를 억누르며 물었다.

"나의 애인이자 미래의 왕비인 그녀를 대신들 앞에서 공개적으로 고발하는 이유가 무엇이오, 추기경?"

"그녀는 전하의 마음을 사로잡기 위해 동생인 메리 블린이 부정한 여자라는 거짓 소문을 퍼뜨렸습니다. 덕분에 왕자까지 낳은 메리 블린은 추방당했고, 정직하지 못한 그녀는 영광스럽게도 전하의 옆자리를 차지했지요. 저는 현명하신 국왕전하께서 저 부도덕한 여인을 벌하시고, 메리 블린과 케리 왕자를 궁으로 불러들여야 한다고 생각합니다."

"……."

큰 충격을 받은 듯 헨리는 한동안 눈을 부릅뜬 채 침묵하고 있었다. 추기경 주변의 대신들만 소란스럽게 웅성거렸다. 그들은 앤을 절대 용서할 수 없다고 말하고 있었다. 일이 제대로 풀려 간다고 생각하며 이지는 가슴을 쓸어내렸다.

왕이 앤을 돌아보며 물었다.

"추기경의 말이 사실이오, 앤?"

"……."

앤은 선뜻 대답하지 않고 추기경 뒤쪽에 서 있는 이지를 빤히 쳐다보았다. 입가에는 희미한 미소가 걸린 채였다. 앤과 시선이 마주친 이지는 그녀의 미소가 왠지 마음에 걸렸다. 언니, 설마 또 무슨 꿍꿍이가 있는 거야? 하지만 이번만은 쉽게 빠져나갈 수 없을걸.

앤이 마침내 천천히 입술을 달싹였다.

"당연히……, 사실이 아니옵니다, 전하."

"그렇겠지. 짐도 믿지 않고 있었다."

추기경이 항의했다.

"그녀로부터 직접 메리를 쫓아내고 왕비가 되겠다는 말을 들은 증인이 있습니다!"

"그 증인이 대체 누구란 말인가?"

추기경이 고개를 돌려 나란히 서 있는 이지와 캐서린을 보았다. 이지가 캐서린과 함께 앞으로 나섰다. 그리고 왕을 똑바로 보며 말하기 시작했다.

"저 윤이지는 존엄하신 국왕전하 앞에서 증언합니다. 앤은 제게 윌리엄 캐리에 대한 소문을 퍼뜨려 동생인 메리를 쫓아냈다고 고백한 적이 있습니다."

캐서린도 증언했다.

"저 캐서린도 존엄하신 국왕전하 앞에서 증언합니다. 메리가 케리 왕자를 낳은 후 앤이 제 방으로 찾아와 윌리엄 캐리에 대해 이야기하며 그것을 전하께 고해 줄 것을 부탁한 적이 있습니다."

"으음……."

헨리의 입술을 비집고 비통한 신음이 새어나왔다. 헨리가 앤 쪽은 쳐다보지도 않고 물었다.

"저 증언을 듣고도 사실이 아니라고 말할 텐가?"

"저는 두 증인을 인정할 수가 없습니다, 전하."

"무슨 뜻이지?"

"이지는 메리의 친구로서 그녀가 유배당한 것을 늘 안타깝게 생각했습니다. 그리고 전하를 비롯해 여기 있는 모든 대신들이 아시다시피 캐서린 왕비께선 저를 쫓아내기 위해 혈안이 돼 있으시죠. 그런 분들의 증언이 공정하다고 할 수 있을까요?"

"흐음……."

헨리가 다시 고민에 잠겼다. 울지 추기경이 다급히 나섰다.

"저 간악한 여인의 말에 현혹되지 마십시오, 전하. 주님의 충직한 종인 소신은 왕비님과 이지의 가슴에 진실만이 가득함을 이미 확인하였나이다."

"그런 말로 증언의 공정성을 확신할 수는 없소, 추기경. 혹시 저 두 사람 말고 다른 증인은 없는가?"

"있습니다, 전하."

"있어? 그게 대체 누구인가?"

추기경과 이지, 캐서린이 대전 입구를 향해 천천히 돌아섰다. 캐서린의 시녀인 마가렛이 잔뜩 겁에 질린 얼굴로 크롬웰을 따라 걸어오는 게 보였다. 크롬웰이 이지를 향해 걱정 말라는 듯 한쪽 눈을 찡긋해 보였다. 이지도 희미하게 미소 지으며 고개를 끄덕였다. 여유로운 크롬웰 덕분에 잔뜩 긴장했던 마음이 조금은 풀리는 기분이었다.

헨리가 눈살을 잔뜩 찌푸린 채 이지 옆에 서는 마가렛을 보았다.

"저 아이는 누구지?"

캐서린이 답했다.

"제 시녀인 마가렛입니다. 제가 늘 가까이 두는 아인지라 앤이 제 방에 찾아왔을 때도 곁에서 차 시중을 들고 있었지요. 덕분에 앤이 하는 말을 모두 들을 수 있었습니다."

"그 아이가 왕비의 시녀라면 왕비를 위해 거짓말을 할 수도 있지 않겠소?"

못마땅한 표정을 짓는 헨리를 돌아보며 앤이 뜻밖의 말을 했다.

"저는 괜찮습니다, 전하. 저 마가렛이란 아이가 진실을 말해 준다면 오히려 저에 대한 의심이 풀릴 수도 있겠지요."

이지는 앤이 왜 저리 여유를 부리는지 이해할 수가 없었다. 그녀의 입장에선 마가렛의 증언을 막는 게 당연했다. 혹시 앤에게 정말 다른 꿍꿍이가 있는 것은 아닐까? 그렇다면 지금이라도 마가렛의 증언을 막아야 하지 않을까? 극도로 불안해진 이지가 마가렛과 크롬웰의 얼굴을 번갈아 쳐다보았다. 크롬웰은 아무 걱정 말라는 듯이 활짝 웃고 있었다. 그 웃음을 마주하니 왠지 안심이 되어서 이지는 마가렛을 막을 기회를 놓치고 말았다.

결국 헨리가 마가렛을 향해 명령했다.

"네가 보고 들은 것을 거짓 없이 말해 보라."

마가렛이 떨리는 목소리로 증언을 시작했다.

"예, 전하. 앤이 왕비님을 찾아온 것은 분명한 사실입니다."

"겨, 결국 이지와 캐서린의 증언이 모두 진실이라는……?"

"하지만 메리에 대해 말하기 위해서는 아니었습니다."

"뭐라고? 그럼 대체 무슨 말을 했느냐?"

잠시 숨을 고른 마가렛이 또박또박 말을 이었다.

"앤은 동생 메리와 조카 케리가 생활하는 방에 바람이 새고 있다고 말했습니다. 그래서 그녀는 왕비님께 간청하러 왔던 겁니다. 동생과 조카를 조금 더 밝고 따뜻한 방으로 옮겨 달라고 말입니다."

"거짓말!"

캐서린이 발작적으로 소리쳤다. 늘 차분하던 캐서린의 눈에서 분노의 불길이 활활 타오르고 있었다. 이지는 너무 놀라서 화를 낼 기운조차 없었다. 무언가 크게 잘못 돌아가고 있다고 생각했지만 되돌리기엔 늦어 버린 것 같았다.

웅성거리는 대신들 사이로 여전히 웃고 있는 크롬웰의 얼굴이 보였다. 그것이 선의의 웃음이 아니라 자신을 비웃는 웃음이라는 것을 이지는 비로소 깨달았다. 이 재수 없는 놈! 곧 분노의 주먹을 날려 앞니를 몽땅 부러뜨려 줄 테다!

무시무시한 눈으로 이지와 캐서린을 쏘아보던 헨리가 추기경을 나직이 불렀다.

"울지 추기경."

"하명하십시오, 전하."

"아직 할 말이 남았소?"

천천히 마가렛을 돌아보는 울지 추기경의 눈에는 절망만이 가득했다. 추기경은 힘없이 고개를 숙였다.

"아닙니다. 소신은 더 이상 할 말이 없습니다."

추기경님, 이렇게 포기하면 어떡해요? 하얗게 질려 버린 캐서린의 얼굴을 보며 이지는 소리라도 지르고 싶은 심정이었다. 하지만 목소리는 입안에서만 맴돌 뿐이었다.

추기경과 이지, 캐서린을 노려보던 왕이 근엄하게 선언했다.

"여러 대신들도 이제는 왕비가 얼마나 부도덕한 여자인지 똑똑히 알았을 것이오! 나는 이 시간 부로 왕비와 이혼하고 앤 블린을 새로운 왕비로 맞이할 것임을 분명히 밝히는 바요! 그리고 울지 추기경은 교황청을 설득할 능력이 없는 것 같으니 그를 모든 공직과 성직에서 물리니도록 할 것이오!"

캐서린이 마지막 힘을 끌어 모아 항의했다.

"안 됩니다, 전하! 추기경의 사임은 오직 교황 성하만이 결정하실 수 있습니다!"

"로마 교황청이 짐의 이혼을 가로막고 추기경의 사임마저 방해한단 말이지?"

캐서린을 쏘아보는 헨리의 입가에 비웃음이 걸렸다.

"크롬웰!"

"예, 전하."

마치 기다렸다는 듯이 크롬웰이 씩씩하게 대답했다. 헨리가 크롬웰을 가리키며 단호히 명령했다.

"지금부터 네가 울지 추기경을 대신해 이 나라의 대법관을 맡아라. 또한 너는 교황이 아니라 짐이 임명하는 최초의 대주교가 될 것이다. 너는 대법관으로서 나와 캐서린의 이혼이 합당하다는 판결을 내리고, 대주교로서 로마 카톨릭을 대신할 영국국교를 새로이 수립해야 할 것이다. 알겠느냐?"

"잘 알겠습니다, 전하."

고개를 들고 빙그레 웃는 크롬웰을 이지는 황당한 듯 쳐다보았다. 이지가 이번에는 승자의 미소가 걸린 앤의 얼굴을 보았다. 마침내 이지는 이 모든 음모가 앤과 크롬웰의 합작품임을 알아차렸다. 아아……, 왜 조금 더 일찍 깨닫지 못했을까. 이지는 자책하고 또 자책했다.

그리고 지금은 웃고 있지만 그 웃음이 언젠가는 세상에서 가장 슬픈 눈물이 되어 심장을 적실 것이라고 앤에게 말해주고 싶었다. 하지만 자신의 목소리가 닿기엔 앤은 너무 먼 곳에 앉아 있는 것처럼 보였다.

천 일의 앤

　대법관이 된 크롬웰은 가을이 되자 헨리 8세와 캐서린의 이혼을 공식적으로 발표했다. 교황청이 이혼은 무효라고 선언하자 대주교를 겸하고 있던 크롬웰은 영국교회는 국가의 한 부서로서 교황이 아닌 국왕을 수장으로 한다는 '수장령'을 발표하기에 이르렀다. 이로써 영국은 가톨릭국가가 아니라 영국국교라는 개신교국가로 변신하게 된 것이다.

　유난히 혹독했던 겨울날 캐서린 왕비는 자신의 딸 메리 공주와 함께 헌팅턴의 킴볼튼성으로 쫓겨났다. 그리고 죽는 날까지 그녀는 그곳을 떠나지 못했다.

　1533년 1월, 모든 사람들의 불행을 뒤로하고 드디어 앤은 헨리 8세와 성대한 결혼식을 올렸다. 런던타워의 수많은 탑들에서 일제히 종

소리가 울려 퍼질 때, 모든 대신들과 귀족들이 모인 대성당에서 아름다운 드레스와 반짝이는 왕관을 쓴 앤이 헨리 8세와 대주교 크롬웰의 앞에 나란히 서서 서약을 했다. 그 모습을 지켜보는 이지의 마음은 착잡하기만 했다.

'부디 내가 책에서 읽은 역사가 사실이 아니기를……!'

세상에서 가장 행복한 신부처럼 미소 짓는 앤을 보며 이지는 진정으로 그녀의 사랑이 영원하길 빌었다. 하지만 역사는 변할 수 없는 법. 그것은 세찬 물줄기와 같아서 아무리 제방을 쌓아도 허물어 버리고 원래의 경로를 향해 거침없이 흘러가는 것이다.

그해 9월에 앤은 공주 엘리자베스를 낳았다. 한동안 서먹하게 지냈던 이지가 앤의 곁에서 출산을 도왔다.

"네가 친구로 돌아와 줘서 너무 기뻐."

"언니를 미워한 적은 없었어."

"그건 나도 알아. 사내아이를 낳아서 네게 꼭 보여주고 싶었는데……."

"실망하지 마. 이 아이는 영국 역사상 가장 위대한 여왕이 될 테니까."

아들이 아닌 딸을 낳았다는 실망감에 젖어 있는 앤을 이지가 위로해 주었다. 하지만 앤은 믿으려고 하지 않았다.

"영국에 여왕은 없었어. 머지않아 아들을 낳아서 헨리를 기쁘게 해 줄 거야."

"언니……."

이지는 훌륭한 딸을 낳고도 아들에 집착하는 앤이 가여웠다. 그게

다 왕 때문이라는 것을 이지는 누구보다 잘 알고 있었다. 변덕쟁이 헨리는 결혼식을 올린 지 채 일 년도 지나지 않아 앤에게 싫증을 내기 시작했다. 헨리의 변화를 알아차린 앤은 그래서 더욱 아들을 낳고 싶어 했던 것이다.

하지만 앤은 이후에 몇 번의 유산과 사산을 거치며 아들을 낳는 데 실패하고 말았다. 그러자 앤과 블린 가에 적개심을 품고 있던 정적들이 제인 시모어라는 새로운 미녀를 앞세워 왕을 유혹하기 시작했다.

결국 앤과의 사이가 완전히 틀어진 왕은 새로운 왕비를 끔찍이 미워하기 시작했다. 부부는 매일 밤 다툼을 벌였다. 서로에 대한 증오심을 켜켜이 쌓아가는 왕과 왕비를 이지는 엘리자베스를 안은 채 불안하게 지켜보았다.

그리고 마침내 예정돼 있던 불행이 찾아왔다. 앤에 대한 증오가 폭발한 헨리 8세는 그녀에게 여섯 명의 남자와 간통했다는 죄를 뒤집어씌워 왕실의 반역자들을 감금하는 타워 그린에 가두기에 이르렀던 것이다. 앤이 왕비 자리에 오른 지 꼭 천 일만에 일어난 일이었다.

늦은 밤, 불이 완전히 꺼진 타워 그린의 컴컴한 돌계단을 소리 죽여 올라가는 발이 있었다. 횃불을 밝혀들고 앞장선 사람은 대영제국의 대법관이며 국교회의 대주교인 크롬웰이었고, 바싹 붙어서 따르는 사람은 바로 이지였다.

"으으…… 으으으……!"

맨 꼭대기 층 복도에 이르자 양옆으로 늘어선 감옥 안에서 하루 종일 고문에 시달린 죄수들의 끔찍한 신음소리가 들려왔다. 온몸에 소름이 돋아 이지는 부르르 진저리를 쳤다. 크롬웰은 안색 한 번 변하지 않고 복도를 걸어갔다.

덜커덩!

크롬웰이 복도 맨 끝 둔중한 철문을 열었다. 동굴처럼 어두운 감방 안으로 들어가자 딱딱한 침대 위에 웅크린 채 잠든 앤의 모습이 보였다. 타워 그린에 갇힌 지 한 달 만에 만난 앤은 겨울나무처럼 시들어가고 있었다.

"어떻게 자기 아내를 이렇게 만들 수가……!"

침대에 걸터앉은 이지는 눈물을 글썽이며 앤의 야윈 볼을 쓰다듬었다. 이지가 흘린 눈물방울이 볼에 떨어지자 앤이 천천히 눈을 떴다. 한참만에야 이지를 알아본 앤이 반색하며 몸을 일으켰다.

"이지, 날 보러 와 주었구나?"

"그래, 언니. 내가 왔어."

간신히 눈물을 삼키며 이지는 억지로 웃었다. 내일이 바로 앤의 사형집행일이었던 것이다. 손을 맞잡은 두 여자는 잠시 아무 말도 하지 못했다. 한참만에야 이지가 입을 열었다.

"언니, 내일이 바로……."

"알아. 나에 대한 형이 집행되는 날이지?"

체념한 사람처럼 미소 짓는 앤을 보며 이지는 다시 왈칵 눈물을 쏟

앉다. 가까스로 진정한 이지가 앤을 설득하기 시작했다.

"실은 방금 전하를 만나고 오는 길이야. 왕이 말하길, 언니가 살 수 있는 방법이 있다고 했어."

"내가 남자들과 간통했다는 죄를 인정하고, 왕비로서의 모든 권리를 스스로 포기하는 조건이겠지."

"그래, 그렇게만 하면 살 수 있어."

"하지만 나의 딸 엘리자베스도 공주로서의 모든 지위를 박탈당하겠지."

"그, 그야······."

"이지 넌 분명히 말했었어. 엘리자베스가 영국 역사상 가장 위대한 여왕이 될 거라고. 기억하니?"

"으응."

이지는 고개를 끄덕일 수밖에 없었다. 그것은 틀림없는 사실이니까. 순간적으로 앤의 표정이 환해지는 것 같았다.

"너는 먼 미래에서 왔다고 했지? 그래서 우리들이 살고 있는 과거의 일들을 훤히 알고 있다고 했잖아. 아마도 그래서 나와 헨리의 결혼을 막으려고 그토록 노력했을 거야."

"······."

아무 대답도 못 하는 이지의 눈을 들여다보며 앤이 힘주어 말했다.

"그는 나를 버렸지만 나는 아직 헨리를 사랑해. 나는 비록 죽지만 우리의 사랑은 영국의 위대한 여왕이 되는 엘리자베스로 인해 완성될 거야. 나는 그렇게 믿고 있단다."

앤의 어깨를 잡으며 이지는 소리쳤다.

"그러지 마, 언니! 자기를 희생시키며 이룬 사랑이 무슨 소용이야? 그건 사랑도 뭣도 아니라고!"

"지금껏 네 말이 다 옳았지만 방금 한 말만은 틀려. 내게는 희생도 사랑이야. 그래서 나는 내일의 형을 기꺼이 받아들일 거야."

"언니……. 앤 언니……."

이지는 어떻게든 앤을 설득하고 싶었다. 하지만 사랑과 운명에 대해 확신하고 있는 그녀의 얼굴을 마주하자 아무런 말도 떠오르지 않았다. 이지는 지금껏 사랑이라고 하면 남녀 간의 달콤한 사랑만 생각해 왔다. 하지만 지금 눈앞에서 죽음조차 두려워하지 않는 앤의 모습을 보니, 딸에 대한 엄마의 사랑이야말로 가장 숭고한 사랑일지도 모른다고 생각하게 되었다. 자식을 위해 기꺼이 목숨조차 던지는 저 끝없는 희생 덕분에 인간은 혹독한 시련을 견디며 세계의 주인으로 우뚝 서지 않았는가.

그리고 앤 블린의 딸 엘리자베스도 엄마의 희생을 딛고 세계를 호령하는 영국 최고의 여제가 될 것이다. 먼 훗날 위대한 여왕이 어머니의 사랑을 잊지 않기만을 기원하며 이지는 조용히 눈물을 흘렸다. 촉촉이 젖은 이지의 볼을 따스한 손길로 쓰다듬어주며 앤이 마지막 인사를 건넸다.

"무사히 네가 살던 세계로 돌아갈 수 있기를 기원할게. 너는 나보다 훨씬 똑똑한 아이니까 반드시 진정한 사랑을 찾을 수 있을 거야. 나의 영원한 친구 윤이지, 부디 안녕히……."

쿠웅!

눈물범벅이 되어 감방 밖으로 나오는 이지의 등 뒤에서 철문이 둔중하게 닫혔다. 열쇠를 챙기는 크롬웰을 향해 획 돌아서며 이지가 악을 썼다.

"이게 다 너 때문이야! 네가 그때 배신하지만 않았어도 이런 비극은 일어나지 않았을 거라고! 이 기생오라비 같은 녀석, 권력을 움켜쥐니 기분이 째지냐?"

멍청히 이지의 얼굴을 보던 크롬웰이 피식 웃었다.

"이봐, 너무 그러지 말라고. 나는 앤을 왕비로 만들기 위해 필요했던 사람이야. 앤이 저 꼴이 되었으니 아마 나도 무사하지는 못할걸?"

"헐~ 지금 웃음이 나오니?"

제 목을 긋는 시늉을 하며 웃는 크롬웰을 황당한 듯 보던 이지가 눈을 치켜뜨고 돌아섰다.

"하긴 이 모두가 변덕쟁이 왕의 잘못…… 어엇!"

석궁을 든 근위병들을 거느린 채 앞을 가로막은 헨리 8세와 맞닥뜨린 이지가 짧은 비명을 질렀다. 입을 크게 벌린 이지의 얼굴을 뚫어져라 보며 왕은 나직이 으르렁거렸다.

"어디 용기가 있다면 계속 지껄여 보시지?"

왕의 비아냥거림을 들은 이지는 발끈했다. 용기가 있다면이라고? 소원이라면 얼마든지 욕을 퍼부어 주지.

"좋아, 말하겠어! 내 살다 살다 당신 같은 변덕쟁이는 처음이야! 무슨 남자가 아내를 밥 먹듯이 갈아 치우냐? 런던 시내로 나가서 길 가는 사람 아무나 붙잡고 이 나라에서 가장 유명한 바람둥이가 누구인지 물어봐! 십중팔구는 위대하신 우리 국왕전하라고 대답할 테니! 인생 그렇게 살지 마! 여자 눈에서 피눈물 흘리게 한 남자는 언젠가는 천벌을 받게 돼 있다 이 말이야!"

"끄으으……."

부들부들 떨고 있던 헨리가 이지를 가리키며 버럭 고함쳤다.

"체포하라!"

"흥, 누가 잡혀 준대?"

이지는 왕을 힘껏 밀치고 근위병들을 스쳐 쏜살같이 도망쳤다.

"서라! 서지 않으면 쏜다!"

"너 같으면 서겠냐, 멍청아?"

득달같이 쫓아오는 근위병들을 피해 이지는 구르듯 계단을 내려갔다. 숨을 헐떡이며 돌아보니 근위병 하나가 뒷덜미를 낚아채려고 손을 뻗는 게 보였다. 이를 악물고 다시 정면을 향하는 이지의 눈에 커다란 창문이 화악 닥쳐들었다. 이지가 창밖으로 냅다 몸을 날렸다.

"꺄아악~!"

눈앞으로 별이 가득한 밤하늘이 닥쳐들었다. 짧은 순간, 새처럼 날던 이지의 몸이 중력의 법칙을 이기지 못하고 뚝 떨어졌다. 천만다행으로 타워 그린 아래에는 연못이 있었다. 수면을 스치듯 헤엄치는 거위 몇 마리가 어둠 속에서 하얗게 빛났다.

풍덩~!

이지는 커다란 물보라를 일으키며 수면 아래로 처박혔다. 정신없이 거품을 뿜으며 이지는 양팔을 마구 휘저었다. 분명히 깊지 않은 연못이었는데 몸이 끊임없이 아래쪽으로 빨려 들어가는 느낌이었다.

'아아……, 결국 여기서 이렇게 죽는구나?'

눈앞이 캄캄해지며 이지는 천천히 의식을 잃어갔다. 엄마와 아빠 그리고 주노의 얼굴이 차례로 스치고 지나갔다.

같은 시간, 이지의 침대 위에 놓인 양장본 책 '세기의 로맨스' 책장이 창문을 통해 들어온 한 줄기 밤바람에 펄럭 펼쳐졌다. 바람에 의해 빠르게 넘어가던 책장이 첫 번째 장에서 우뚝 멈추었다. 놀랍게도 이지가 이곳으로 온 후 지워져서 확인할 수 없었던 '헨리 8세와 앤 블린의 비극적 사랑' 부분이 다시 빼곡히 채워져 있었다.

그 선명한 활자들로부터 가늘고 눈부신 빛줄기가 가닥가닥 새어나오기 시작했다. 커다란 풍선처럼 부푼 빛이 방안을 가득 채우는가 싶더니, 어느 순간 책은 연기처럼 홀연히 사라지고 말았다. 그와 동시에 연못 아래로 가라앉고 있던 이지의 모습도 감쪽같이 사라져 버렸다.

"사격 준비!"

한편, 창가에 서 있던 근위병들은 거품이 올라오는 수면을 향해 석궁을 겨누었다. 이지를 시체로라도 끌고 가기로 결심한 것이다.

"그만!"

막 방아쇠를 당기려는 병사들의 뒤쪽에서 단호한 목소리가 들렸다.

재빨리 양옆으로 물러서서 부동자세를 취하는 근위병들 사이로 헨리가 천천히 걸어 나왔다. 이지가 떨어진 연못을 내려다보며 그는 복잡한 표정으로 중얼거렸다.

"이상하게 저 아이만 생각하면 가슴이 아파. 어딘가 다른 먼 세상에서 애틋한 사랑을 나누었던 연인 같은 느낌이라고 할까? 그런 아이에게 화살 세례를 퍼부을 수는 없지 않은가?"

"헨리 나쁜 놈…… 이기적인 자식……!"
이지는 양팔을 마구 휘젓고 있었다. 하지만 연못 속이 아니라 창문을 통해 햇살이 은은히 스며드는 방안 침대 위에서였다.
쿵!
"어이쿠!"
허우적거리던 이지가 방바닥으로 떨어지며 비명을 질렀다. 동시에 두꺼운 양장본의 책도 함께 떨어졌다.
"악, 아파!"
불룩한 오리궁둥이를 문지르며 일어서던 이지는 흠칫 놀라며 달음박질을 칠 자세를 취했다. 당장이라도 헨리와 근위병들이 쫓아올 것 같았기 때문이다.
"어라, 여긴 주노 선배의 집이잖아?"
자신이 중세의 왕궁이 아니라 현실 세계의 주노의 집으로 돌아왔다는 사실을 깨달은 이지는 소스라치게 놀라며 자세를 풀었다. 커다랗게 부릅뜬 눈으로 환한 방안을 둘러보며 이지는 극심한 혼란에 빠졌다.

"뭐야……, 그럼 그게 전부 꿈이었던 거야?"

황당하다는 듯이 중얼거리던 이지는 이내 고개를 획획 가로저었다. 꿈이라고 하기엔 너무도 기억이 생생했다. 방금 전까지 앤 블린의 가여운 운명을 슬퍼하며 닭똥 같은 눈물을 뚝뚝 흘리지 않았던가. 하지만 손가락으로 만져 본 눈 밑은 뽀송뽀송하게 말라 있었다. 그럼 진짜 꿈? 아니야, 내가 목격했던 그 비극적 사랑이 절대 꿈일 리가 없어!

혼란과 당혹감 속에서 헤매던 이지의 눈이 문득 방바닥에 떨어져 있는 책으로 향했다. 천천히 책을 집어 들여다보니 우연히도 첫 번째 장인 '헨리 8세와 앤 블린의 비극적 사랑' 부분이 펼쳐져 있었다.

책장을 천천히 쓰다듬으며 이지는 인정할 수밖에 없었다.

"맞아. 나는 이 부분을 읽다가 잠이 들었었어. 아마 그래서 그런 꿈을 꾸었던 모양이야. 하지만 아직도 이렇게 가슴 아픈 기억이 생생하기만 한데……."

하지만 이지의 혼란은 헨리 왕보다 지독한 변덕쟁이의 고함소리 덕분에 순식간에 종말을 고하고 말았다.

"야, 윤이지! 지금이 몇 시인데 아직도 노닥거리고 있어? 빨리 나와 점심 차려 줘야 할 것 아니냐고?!"

또 하나의 사랑

"이러다 또 학교에 늦겠어!"

오늘도 이지는 정신없이 아침식사를 준비하기 시작했다. 주노의 오늘 아침 주문은 따끈따끈한 머핀과 살짝 데운 우유 한 잔이었다. 한국 사람이 된장찌개에 김치면 되지 아침부터 웬 머핀 타령이람? 주노의 뒤통수를 후려치고 싶은 욕구를 억누르며 이지는 주방에서 부지런히 통밀가루에 베이킹파우더, 계란, 버터, 우유, 설탕을 넣어 마구 휘젓고 있었다. 마지막으로 레몬 즙을 반죽에 섞으며 이지는 푸훗 실소를 흘렸다.

"사람이란 정말 환경에 적응하는 동물인가 봐."

불과 일주일 전만 해도 제대로 할 수 있는 요리가 별로 없었던 자신이 오븐에서 직접 머핀을 구워 내고 있으니 말이다. 오븐의 온도를 맞추며 이지는 스스로를 달래듯이 중얼거렸다.

"길어봐야 한 달이야. 선금으로 받은 월급만 갚고, 세라의 관심이 수그러들면 미련 없이 심술대마왕 곁을 떠나야지."

"흐음~ 냄새는 그럴듯한데."

김이 모락모락 피어오르는 머핀에 코를 대고 주노는 흡족한 표정을 지었다. 그의 앞에 서서 이지는 안도했다. 오늘은 무사히 넘어갈 모양이다.

"방에 올라가서 학교 갈 준비해도 되죠?"

"마음대로."

조심스럽게 묻는 이지를 향해 주노는 머핀을 한입 베어 물며 손을 휘휘 저었다. 이지가 재빨리 이층으로 통하는 계단으로 향했다.

"커헉!"

계단을 중간쯤 올라가던 이지는 숨이 넘어가는 듯한 소리에 우뚝 멈춰 섰다. 의아한 눈으로 돌아보니 머핀을 먹던 주노가 핏기 없는 얼굴로 목을 움켜쥐고 있었다. 도로 계단에서 내려서며 이지가 물었다.

"선배, 왜 그래요?"

"머, 머핀에 혹시 레몬 넣었니?"

"예, 즙을 짜서 넣었어요."

"이런 멍청한……."

눈을 화악 치켜뜨는 주노를 보며 이지는 움찔했다. 재료는 늘 싱싱

해야 한다는 주노의 지론에 따라 어제 저녁에 마트에서 사 온 최상급 레몬을 사용했는데 무엇이 또 불만이란 말인가? 주노의 상반신이 앞쪽으로 천천히 기울어졌다.

"나, 나는…… 레몬 알러지가 있다고……."

쿵!

주노가 탁자에 얼굴을 처박는 순간, 이지는 저택이 떠나가라 비명을 질렀다.

"꺄아악!"

"헉헉……, 내가 구해 줄 테니까 조금만 참아요!"

사람이 급해지면 초능력을 발휘하는 모양이다. 119에도, 집에도 전화할 겨를이 없었던 이지는 기절한 주노를 들춰 업고 근처의 병원까지 맨발로 달렸다. 출근길의 어른들과 등굣길의 학생들이 그런 이지를 이상하다는 듯 쳐다보았다.

주노의 상태를 체크한 의사선생은 알러지 때문에 기관지가 부어서 호흡곤란이 온 것 같다며 서둘러 주사를 놓아 주었다. 잠시 후, 주노의 얼굴에 조금씩 혈색이 돌아오기 시작했다. 성분을 알 수 없는 몇 가지 약이 들어간 링거봉지를 주렁주렁 매달고 편안히 잠든 주노의 침대 옆 의자에 털썩 주저앉으며 이지도 비로소 안도의 숨을 몰아쉴 수 있었다.

"휴우."

그런 이지를 향해 의사선생이 말했다.

"학생 발도 치료를 받아야 할 것 같은데?"

"예?"

이지는 비로소 자신의 발을 내려다보았다. 놀랍게도 맨발인데다가 흙이 잔뜩 묻었고, 유리조각이라도 밟았는지 찢긴 발바닥에선 피가 흘렀다. 의사선생이 간호사 언니를 시켜 이지의 발을 치료해 주었다.

점심시간이 지나도록 주노는 깨어나지 않았다. 이지는 주노의 곁을 잠시도 떠나지 않고 간호했다. 물수건으로 땀을 닦아주고 마른 입술을 적셔 주기도 했다. 그래도 죄책감을 떨칠 수는 없었다. 중간에 다녀갔던 아빠와 엄마는 주노보다 이지를 더 걱정했다.

"저 까칠한 녀석이 깨어나면 네게 뭐라고 할지 모르겠구나."

이지는 주노가 깨어나자마자 쫓겨난다 해도 어쩔 수 없는 일이라고 생각했다. 어쩌면 마지막일지도 모른다는 생각으로 이지는 주노의 잠든 얼굴을 가만히 들여다보았다. 정말 잘생기긴 잘생긴 얼굴이었다. 평소에는 너무 까다롭게 굴어서 몰랐는데, 하주노는 진짜로 금딱지가 분명했다. 이지는 가늘게 떨리는 손을 뻗어 주노의 볼을 살짝 쓰다듬었다.

'잠들었을 때의 선배는 대박이야. 그것만은 인정할게.'

손가락을 통해 주노의 부드러운 살결을 느끼며 이지는 특별한 이변이 없는 한, 평범하게 흘러갈 자신의 인생에서 어쩌면 지금이 가장 기억에 남을 순간인지도 모른다는 생각을 하고 있었다.

아마도 갑작스럽게 찾아든 센티한 기분 탓이었을 것이다. 하필이면 그때 난생 처음 맛본 헨리와의 첫 키스가 떠오른 것은. 그리고 쏙 빼닮은 헨리의 얼굴과 주노의 얼굴이 다시 겹쳐 보이기 시작한 것은 말이다.
 이지는 주노의 붉은 입술을 향해 천천히 자신의 입술을 접근시켰다. 어디선가 다시 아찔한 장미향이 풍기고 수많은 종소리가 들려오는 듯했다. 심장이 쿵쾅거리는 소리를 들으며 이지는 각설탕처럼 달콤해 보이는 주노의 입술을 향해 조금씩 조금씩 다가가고 있었다.
 "……!"
 주노가 번쩍 눈을 부릅뜬 것은 바로 그때였다. 동시에 이지는 얼음땡 놀이에서 '얼음!'을 외친 사람처럼 우뚝 굳어 버렸다. 두 사람의 입술 사이의 거리는 불과 일 센티미터 정도. 그 상태에서 두 사람은 눈을 부릅뜬 채 서로의 눈동자를 들여다보고 있었다. 이지는 할 수만 있다면 목이 터져라 비명이라도 지르고 싶은 심정이었다. 하지만 그러기엔 그와의 거리가 너무 가까웠다.
 하느님, 왜 제게 자꾸 이런 시련을 내리시나요? 차라리 이 어린 양을 하느님의 옆자리로 불러올려 주세요, 예?
 어색한 침묵의 시간이 영원히 끝나지 않을 것처럼 느리게 흐르고 있었다.

헨리 8세와 앤 블린 그리고 영국 국교회

헨리 8세는 1491년 6월 28일에 출생한 잉글랜드의 국왕이자 아일랜드의 영주이다.

그는 영국 역사에서 매우 중요한 인물 가운데 한 명이다. 초기에는 영국 교회의 종교개혁을 강력히 탄압해 종교재판을 통해 수많은 개혁론자들을 화형시켰지만, 앤 블린과의 결혼이라는 지극히 사적인 문제로 로마 교황청과 대립한 후에는 영국 국교회를 설립하고 스스로 수장에 오른 왕으로 유명하다. 정치적으로 그는 잉글랜드와 웨일스의 통합을 이끌었고, 영국을 정치·사회적으로 안정시켜 강대국의 반열에 올려놓은 군주이기도 하다.

헨리 8세는 런던 교외의 그리니치에 위치한 프라센티아 궁전에서 헨리 7세와 요크의 엘리자베스의 차남으로 태어났다. 본래 헨리에게는 여섯 명의 형제가 있었다. 하지만 그 가운데 살아남은 것은 헨리와 아더, 마거릿, 메리만이다. 1493년, 고작 2살이었던 헨리는 못 드바 성의 성주로 임명되었다. 다음 해인 1494년에 요크 공의 작위를 받았고, 그와 더불어 잉글랜드 문장원 총재와 아일랜드의 총독으로 임명되었다. 헨리는 우수한 가정교사의 가르침을 받아 라틴어와 프랑스어, 스페인어를 유창하게 구사할 줄 알았다. 당시 관례상 맏아들이었던 아더 태자가 장차 왕위를 물려받을 것으로 예정되었기 때문에 헨리는 교회의 직분을 맡기 위한 준비에 착수했던 것이다.

1502년, 아더의 갑작스런 죽음은 헨리의 운명을 송두리째 바꿔놓는다. 아더가 결핵으로 갑작스럽게 죽음을 맞이하자, 혼인 관계를 통해 잉글랜드와 당시의 초강대국인 스페인 간의 동맹을 강화하고자 했던 헨리 7세의 노력은 수포로 돌아가는 듯했다. 하지만 이 동맹은 너무도 중요했으므로 헨리 7세는 아더 대신에 동생 헨리를 왕위계승자로 선포하고, 아더의 미망인 캐서린과 헨리의 결혼을 추진했다. 캐서린은 스페인을 공동 통치하는 카스티야의 이사벨 1세와 아라곤의 페르난도 2세의 막내딸이었다. 당시 캐서린은 아더 왕태자와 결혼은 했으나 처녀성을 잃지는 않았다는 맹세를 통해 교황청으로부터 헨리와의 결혼을 승낙받는 데 성공했다.

두 사람의 결혼은 1509년 헨리 7세의 임종 때까지 늦춰지다가 그로부터 2개월 후인 6월 11일에서야 거행되었다. 그리고 1509년 6월 24일에는 웨스트민스터 사원에서 즉위식이 열렸다. 이때 헨리의 나이 열일곱 살이었다. 정확히 이틀 후, 헨리 8세는 선왕의 중신 가운데 평판이 좋지 않은 장관 리처드 엠프슨과 에드먼드 더들리를 체포했다. 그들은 가장 죄질이 나쁜 반역죄로 고발되었으나 증거는 없었다. 그럼에도 1510년에 왕명에 따라 처형당했다. 이것은 다른 대신들에게 공포심을 심어주었으며, 헨리 8세의 절대 권력의 시작을 알리는 신호가 되었다. 이후 어린 시절 헨리의 개인교사였던 요크 대주교 토머스 울지가 헨리 8세의 전폭적인 신임을 받으며 급부상하게 된다.

헨리 8세는 르네상스적인 인간이었다.
그의 궁정은 화려하면서도 학구적이며 예술적인 혁신의 중심지였다. 그는 뛰어난 음악가, 작가 그리고 시인이기도 했다. 또한 그는 욕심 많은 노름꾼이었고, 주사위 선수였다. 운동에도 탁월한 재능을 발휘하여 무예와 마상 경기, 사냥, 테니스 실력이 뛰어났다고 한다. 그리고 독실한 그리스도인으로 신앙심이 투철했다. 일찍이 마틴 루터를 비판한 《칠성사의 옹호》를 저술한 공로로 교황 레오 10세의 칭찬을 받아 '신앙의 옹호자(Defender of Faith)'라는 칭호를 받았을 정도였다. 역설적이게도 이 '신앙의 옹호자'라는 칭호는 종교개혁으로 잉글랜드 교회가 로마 가톨릭으로부터 분리된 후에도 헨리 8세와 그 후계자들이 대대로 물려받는 칭호 가운데 하나로 정착되었다.

1511년, 교황 율리오 2세가 프랑스에 반대하는 신성동맹을 결성했다. 이 새로운 동맹에는 수많은 나라가 참가했는데, 스페인과 신성 로마 제국뿐만 아니라 잉글랜드까지 포함되어 있었다. 헨리가 그러한 결정을 내린 진짜 이유는 프랑스 북부까지 영토를 확장하려는 야심 때문이었다. 그는 1511년 11월에 스페인과 함께 프랑스를 공동의 적으로 규정한 웨스트민스터 조약을 맺고, 마침내 1513년에 프랑스를 공격하기에 이르렀다. 잉글랜드군은 스퍼스 전투에서 프랑스군을 격퇴했다. 이때 스코틀랜드의 제임스 4세는 헨리의 경고를 무시하고 루이의 요청을 받아들여 잉글랜드를 침공했다. 스코틀랜드군은 1513년 9월 9일에 플로덴필드 전투에서 비참한 패배를 당했다. 이때 전사한 스코틀랜드 병사들 가운데는 스코틀랜드의 왕도 포함되어 있었다.

이처럼 정치와 전쟁에서 승리를 거두고 있었지만, 헨리는 커다란 문제에 봉착해 있었다. 아라곤의 캐서린이 오랫동안 아들을 낳지 못했고, 왕은 날이 갈수록 조급해졌다. 그러던 중 1525년, 헨리 8세는 당시 캐서린 왕비의 젊은 시녀이자 한때 자신의 애인이었던 메리 블린의 자매인 앤 블린에게 마음을 빼앗겼다. 앤 블린은 예전의 메리 블린처럼 단순한 정부가 되는 것을 거부하며 자신을 유혹하려는 왕에게 저항했다. 매몰차게 거절당한 헨리 8세는 오히려 그녀에게 집착하게 되었다. 그러나 왕의 집요한 유혹에도 앤 블린은 꿈쩍도 하지 않았다. 그녀가 이처럼 완강히 버틴 이유는 캐서린과의 혼인을 무효화시키고, 자신이 새로운 왕비로 등극하기 위해서였다. 앤 블린은 헨리 8세의 유난한 바람기와 왕자를 얻지 못해 초조한 마음을 교묘히 파고들었다. 그리고 마침내 앤은 헨리 8세로부터 캐서린과의 혼인을 무효화시키겠다는 약속을 받아내기에 이르렀다.

헨리 8세는 자신의 대리인 토머스 울지 추기경을 배제시키고, 비서인 윌리엄 나이트를 교황 클레멘스 7세에게 파견하여 캐서린과의 혼인을 무효화시켜 줄 것을 청원했다. 혼인이 무효라는 주장의 근거는 캐서린은 아더와의 이전 결혼에서 순결을 잃었으며, 따라서 헨리 8세는 형수와 결혼한 셈이 되었다는 것이다. 동시엔 헨리는 교황에게 앤과의 결혼도 허락해 줄 것을 요청했다.

당시 교황은 신성 로마 제국의 카를 5세의 포로나 다름없는 신세였기 때문에 나이트는 교황과 접촉하는 데 어려움을 겪었다. 결국 헨리의 사절은 별다른 성과 없이 돌아와야 했다. 카를 5세의 압력을 받는 교황이 카를 5세의 이모인 캐서린의 혼인 무효를 거부할 것은 명백했고, 헨리 8세에게는 달리 선택의 여지가 없어 보였다. 교황은 로마에서 직접 판결을 내리기 전까지 헨리 8세가 새로 결혼하는 것을 금지해 버렸다. 이에 울지 추기경이 배신했을 거라고 확신한 앤 블린은 헨리에게 압력을 가해 1529년 추기경을 실각시켜 버렸다. 이에 울지는 앤을 국외로 추방하려는 책략을 비밀리에 꾸몄으며 캐서린 왕비가 로마 교황청과 연락을 취하도록 주선했다. 이 사실이 발각되자 헨리 8세는 울지를 체포했고, 1530년에 추기경은 호송 도중 병에 걸려 사망하고 말았다.

울지를 대신해 대법관의 자리에 오른 토머스 모어는 헨리 8세의 새로운 정책에 협력하여 의회에서 울지를 탄핵하는 한편, 헨리와 캐서린의 결혼이 불법이라는 옥스퍼드와 케임브리지의 신학자들의 견해를 공포했다. 하지만 헨리 8세가 교황의 권위에 대해 반감을 품기 시작하면서 모어의 불안감은 커져만 갔다.

1년 후 법원의 판결에 따라 캐서린 왕비는 결국 궁전에서 추방당했다. 그리고 앤 블린이 당연히 새로운 왕비가 되었다. 예전의 울지처럼 앤은 각료 임명 등 정치적인 면에서 상당한 영향력을 갖게 되었다. 앤은 윌리엄 워햄이 죽은 후 공석이 된 캔터베리 대주교 자리에 자신의 가족인 사제 토머스 크랜머를 앉히도록 했다. 이 결정은 프랑스 왕의 도움을 받아 로마로부터 인정받았다. 토머스 크랜머는 클레멘스 7세로부터 팔리움을 하사받았다.

앤의 등극을 계기로 잉글랜드 내에서 로마의 힘은 날이 갈수록 약해져 갔다. 1532년, 앤의 지지자였던 법률가 토머스 크롬웰은 일찍이 의회의 반대를 물리치고 비서장관과 주교 총대리의 지위를 하사받았다. 이후 토머스 모어가 대법관직을 사임함에 따라 크롬웰은 장관들의 우두머리의 지위에까지 올랐다

1532년 겨울, 헨리 8세는 칼레에서 프랑스 왕과 회담했다. 그는 그곳에서 자신의 새로운 결혼에 대한 프랑스의 프랑수아 1세의 지지와 협력을 얻기를 원했다. 그리고 헨리는 원하던 대로 프랑스 왕국의 지지를 얻어냈다. 이것은 로마 교황청에 맞서고 있는 헨리의 대단한 정치적 승리였다. 즉시 잉글랜드의 도버로 돌아간 헨리와 앤은 비밀리에 결혼식을 올렸다. 앤은 곧바로 임신했고, 왕실 관습에 따라 1533년 1월 25일 런던에서 다시 한 번 결혼식을 올렸다. 행사는 매우 신속하고도 화려하게 진행되었다. 1533년 5월 23일, 크랜머는 헨리 8세와 캐서린의 혼인 합법성에 대한 결론을 내리고자 던스터블 수도원에서 특별 법원을 소집했다. 그곳에서 크랜머는 헨리와 캐서린의 결혼은 무효라는 판결을 내렸으며, 5일이 지난 1533년 5월 28일에는 헨리와 앤의 결혼은 정당하다고 공식 선포했다.

1533년 6월 1일에 앤의 이름이 왕의 배우자 목록에 오름에 따라 캐서린의 왕비 칭호는 박탈되었다. 1533년 9월 7일, 앤은 예상보다 일찍 출산했다. 앤은 여자아이를 낳았고, 아이는 헨리 8세의 모후 이름을 따 엘리자베스라는 이름을 갖게 되었다. 교황의 판단을 거

절한 의회는 1533년 계승법을 제정하면서 잉글랜드 왕국의 합법적인 왕비는 앤 블린이라고 확정했다. 그에 따라 캐서린의 딸인 메리는 서출로 신분이 격하되었고, 왕위 계승 서열에서 엘리자베스 다음이 되었다. 특히 이 법안에는 '그 어떤 외국의 왕자 또는 유력자'도 거절한다는 조항이 포함되었다. 왕국의 모든 백성은 이 법안을 인정할 것을 요구받았으며, 만약 이를 거부할 시엔 즉시 투옥되었다. 특히 헨리와 앤의 결혼을 무효라고 주장하는 사람은 누구든지 반역죄로 다스려 사형을 당했다.

이즈음 영국 하원은 로마와의 일체의 정치적 접촉을 금지시켰고, 잉글랜드 내에서 교황의 교서를 발표하면 가차 없이 처벌하도록 결의했다. 또한 왕의 동의 없이 교회가 어떤 규정도 만들 수 없도록 했다. 이에 교황 클레멘스 7세는 마지막으로 헨리 8세와 크랜머 대주교를 파문에 처함과 동시에 대주교의 혼인무효 판결은 타당하지 않을뿐더러, 앤과의 결혼은 법적 구속력이 없는 것이라고 선언했다. 그리고 교황 대사를 잉글랜드에서 철수시킴에 따라 로마와 잉글랜드의 외교 관계는 단절되었다. 이에 대응해 잉글랜드에서는 몇몇 법률이 더 통과되었다. 1534년, 성직 임명법을 반포하여 국왕에 의해 지명된 후보만이 주교로 임명될 수 있다고 선언했고, 1534년에 국왕 지상법(수장령)을 반포하여 잉글랜드 국왕만이 잉글랜드 교회의 유일한 수장이라고 선언하기에 이르렀다. 그리고 이를 거부하는 이는 1534년 반역법에 따라 왕에 대한 대역죄로 처벌하기로 의결했다. 잉글랜드의 왕은 하느님 다음으로 높으신 폐하로 격상되었고, 교황의 왕관 수여식은 거부당했다. 이로써 잉글랜드 교회는 로마 교회로부터 완전히 독립해 국왕의 지배 아래 놓이게 되었다

영원히 행복할 것 같았던 헨리 8세와 앤 블린의 결혼생활은 그러나 만족스럽지 못했다. 결혼 초, 두 사람은 여느 신혼부부처럼 사랑스러운 나날들을 보냈지만, 이 행복은 헨리 8세의 바람기와 이기심 때문에 곧 한계에 부딪혔다. 머지않아 앤 블린은 눈물과 분노를 동시에 느끼며 힘겨워하기 시작했다. 반면 헨리 8세는 앤의 끊임없는 질투와 과격한 성격을 싫어하게 되었다. 1534년, 앤이 상상임신을 한 사실이 밝혀지면서 왕은 왕비가 아들을 생산해 주지 못하는 것에 배신감을 느끼기 시작했다. 1534년 성탄절 이전, 헨리는 비밀리에 크

랜머와 크롬웰을 만나 캐서린의 복귀 없이 앤을 쫓아내고 왕비를 교체할 방법을 상의했다.

한편, 헨리의 종교 정책에 대한 반발은 잉글랜드 내에서 빠르게 진압되었다. 헨리 8세에게 항거한 무수한 가톨릭교도가 고문당한 후 처형되었다. 그 가운데 가장 눈에 띈 사람은 로체스터의 주교 존 피셔와 헨리 8세의 전직 대법관 토머스 모어였다. 그들은 둘 다 수장령에 대한 서약을 거부해 반역죄로 유죄 판결을 받고 티번에서 참수되었다. 가톨릭교회에 대한 박해는 잉글랜드 백성 사이에 더 큰 반발을 불러일으켜 왕권에 대한 전복 모의를 하기에 이르렀다.

그 가운데 가장 크게 주목할 만한 사건이 모어와 피셔가 처형당한 해의 10월 잉글랜드 북부에서 일어난 은총의 순례이다. 헨리 8세는 봉기의 지도자 로버트 애스크를 왕실 연회에 초대하여 그들에게 자신에 대한 반역을 용서할뿐더러, 평화적으로 해산한다면 그들의 요구사항을 경청해 주겠노라 약속했다. 왕의 약속을 믿은 사람들은 흩어져 각자 집으로 돌아갔다. 그러나 헨리는 애초 약속을 지킬 마음 따윈 없었다. 왕에게 있어 그들은 반역자일 뿐이었다. 왕에게 속았다고 생각한 애스크는 다음 해에 다시 봉기를 일으켰으나 그들의 힘은 예전만 못했고, 왕의 군대에 손쉽게 진압당했다. 애스크를 포함한 지도자들 전원이 처형되었다. 이후 많은 수도원이 1539년 5월 의회의 승인에 따라 잇달아 강제로 해산되었다.

1536년 1월 8일 헨리 8세와 앤 블린에게 아라곤의 캐서린이 죽었다는 소식이 날아들었다. 전 왕비가 죽었나는 소식을 들은 헨리와 앤은 밝은 옷을 차려입고 즐거워했다고 한다. 하지만 앤이 마냥 기뻐할 일만은 아니었다. 새로운 왕비는 자신을 향해 몰려드는 먹구름을 아직 깨닫지 못하고 있었다. 그해 앤은 다시 아이를 뱄으며, 만일 그녀가 이번에도 아들을 낳지 못할 시 어떻게 될지는 누구보다 그녀 자신이 잘 알고 있었다. 다음날, 헨리 8세는 경기 중에 낙마하여 심한 부상을 입었다. 한때 헨리 8세의 생명이 위험한 것처럼 보였다. 소식을 들은 앤은 그 충격으로 15주간 잉태했던 사내아이를 유산하고 말았다. 그날이 1536년 1월 29일로 마침 캐서린의 장례식을 거행한 날이기도 했다. 이 사건을 계기로 두 사람의 관계는 완전히 파탄이 나 버렸다.

앤은 1533년 첫딸 엘리자베스를 낳은 후 어떻게든 사내아이를 낳으려고 노력했지만 이후 계속 사산아만을 낳았다. 앤이 마지막 유산에서 회복할 즈음, 헨리는 자신의 혼인이 마법에 의한 속임수라고 단언하기에 이르렀다. 앤이 왕의 사랑을 잃자, 정적들은 헨리의 새로운 정부인 제인 시모어를 새로운 왕비 후보로 부상시켰다. 이즈음 앤의 형제에겐 거부된 가터훈장이 제인의 형제에게는 허락되었다. 왕비에게는 불길한 징조가 아닐 수 없었다.

결국 앤은 자기 오빠를 포함하여 다섯 명의 남자와 근친상간을 하고 반역을 조장했다는 죄목으로 체포당했다. 그녀와 성관계를 가졌다고 의심되는 남자들도 모두 고소당했다. 1536년 5월 2일에 앤은 포박당한 채 타워그린에 투옥되었다. 그녀에게는 간통, 근친상간, 반역의 죄목이 덧씌워져 있었다. 비록 증거는 불확실했지만, 법원은 왕의 뜻에 따라 피고인들에게 사형을 선고했다. 조지 블린과 다른 피고인들은 1536년 5월 17일에 처형되었다. 같은 해 5월 19일 아침, 피의 탑으로 끌려간 앤은 그곳에서 도끼로 참수당했다.

그토록 소망하던 왕비 자리에 오른 지 꼭 천 일만의 일이었다.

이후에도 헨리 8세는 세 번째 왕비인 제인 시모어, 네 번째 왕비인 클리브즈의 앤, 다섯 번째 왕비인 캐서린 하워드, 여섯 번째 왕비인 캐서린 파아와 결혼을 했다. 이들 중 제인 시모어는 왕자를 낳다가 죽었고, 클리브즈의 앤은 추방당했고, 캐서린 하워드는 사형당했으며, 캐서린 파아만은 살아남아 1547년 헨리 8세의 임종을 지켜보았다.

특히 세 번째 왕비 제인이 낳은 왕자는 헨리가 서거한 후, 불과 9살의 나이로 즉위하여 에드워드 6세가 되었다. 그러나 병약했던 에드워드 6세는 불과 16살의 나이로 죽고, 캐서린과 헨리 사이에 태어난 메리가 메리 1세로 즉위하였다. 1588년 메리 1세가 서거하자, 드디어 앤 블린과 헨리 8세 사이에서 태어난 엘리자베스 1세가 영국의 새로운 왕이 되었다.

이 엘리자베스 1세야말로 절대주의 영국의 전성기를 구가하며, 대영제국의 초석을 닦은 영국 역사상 가장 위대한 여왕으로 추앙받는 인물이다.